Mein Garten am Abend

20

Ute Bauer

Mein Garten am Abend

Sitzplätze, Beleuchtung, Nachtblüher,
Nachtdufter, Wärmespender, Sicht- und Windschutz

blv

Inhalt

Ankommen

6 Körper und Seele im Grünen verwöhnen

8 Willkommen daheim!
Wohl dem, der einen Garten hat! 8 – Sich selbst einen schönen Empfang bereiten 8 – Zu sich kommen 9 – Ausgeglichenheit und Harmonie finden 9 – Die therapeutische Wirkung des Gartens fühlen 10 – Vom gesunden Klima profitieren 11

12 Mit allen Sinnen spüren
Ruhig bedeutet keineswegs gleich still 14 – Sanftem Plätschern und Gurgeln lauschen 14 – Alle Arten von Blockaden sanft lösen 16 – Wohlltuenden Balsam für die Seele aufsaugen 17

Duftpfade 18

Niederlassen

20 Für jede Lebenslage gibt es den richtigen Platz

22 Fallen lassen und abschalten
Genussvoll in den Schlaf schaukeln 22 – Einfach mal abhängen 22 – Praktische Hilfsmittel erleichtern die Handhabung 23

24 Öfter mal die Stühle rücken
Der Lust und Laune nachgeben 24 – Perspektiven wechseln 24 – Leichtes Material wählen 25 – Einen Blickfang setzen 25 – Sich ausstrecken und die Seele baumeln lassen 26

Bankdesign 28

30 Die Ausstattung prägt die Wirkung
Standhafte Sitzgelegenheiten verführt die Sinne 31

32 Tafelfreuden gesellig genießen
Ausreichend Platz zum Feiern einplanen 32 – Den Festplatz mit Panoramablick ausstatten 33

Genießen

34 Die Lieblingsatmosphäre gestalterisch verstärken

36 Sundown im Blütenmeer verfolgen
Weiches Licht zaubert Flair 36 – Glühende Farben setzen leidenschaftliche Noten 37 – Sonnengott Helios lässt sich würdig vertreten 38 – Feuerfarben heizen der Atmosphäre mächtig ein 40

42 Dämmerlicht ruft zur Blauen Stunde
Unendlichkeit vermitteln wie Himmel und Meer 42

Blautöne 44

46 »Nebelschleier« ins Beet setzen
Die schönsten grau- und silberlaubigen Pflanzen 47

48 Unsichtbare Botschaften spüren
Einen Duftcocktail mixen 49 - Duftnoten unterstützen diese Feierabend-Stimmung 50
Duftplatz 54

Kuscheln

56 Mit Feuer und Flamme Romantikstimmung erzeugen
58 Wände geben Geborgenheit
Mauerwerk speichet Wärme für den Abend 58 - Den Wind brechen und den Wärmeabzug bremsen 60
62 Gemütlich einigeln!
Kletterer 64
66 Kerzenschein schafft Atmosphäre
68 Laternen setzen Highlights
Bodenständig trifft exotisch 68
70 Kühlen Abenden einheizen
Feuerkörbe und -schalen zaubern Lagerfeuerromantik 71 - Kamine und Öfen wärmen das Wohnzimmer im Freien 72 - Heizungs- und Grillfunktion praktisch kombinieren 73
74 Stilvolle Deko prägt kuscheliges Flair
Sich mit Kissen und Decken kuschelig einpolstern 75
Mücken 77

Träumen

78 Das Nachtgesicht des Gartens entdecken
80 Reize der Finsternis genießen
Was läuft denn da? 80 - Igel, Käuzchen, Fledermaus & Co. entdecken 80 - Mit künstlichem Licht sparsam umgehen 81
82 Wege und Treppen sichern
Technik schafft Komfort 82 - Alternative Leuchten nutzen 83
84 Akzente setzen und Perspektiven öffnen
Die Lichtquelle verstecken 85
86 Weiß ist die Farbe der Nacht 86
Attraktive Weißblüher 87
Nachtbeet 88
Nachtdufter 90

Anhang

92 Bezugsquellen
93 Register

Endlich Feierabend – endlich Zeit, den Garten zu genießen

Kennen Sie den Gedanken? Nun hat man zwar einen eigenen Garten, ein grünes Wohnzimmer vor der Haustür, aber leider viel zu wenig Zeit ihn zu genießen. Wenn Sie von der Arbeit nach Hause kommen oder nach einem anstrengenden Tag zwischen Kinderzimmer, Küche und Wäschekeller endlich etwas freie Zeit herausgearbeitet haben, dann geht auch schon bald die Sonne unter. Es wird kühl, dämmrig und dunkel. Die bunte Pracht der Stauden und Blumen, die Sie mit so viel Enthusiasmus gepflanzt und gepflegt haben, verblasst im schwindenden Licht und man hatte kaum Gelegenheit, sie richtig wahrzunehmen. Denn nachts sind schließlich alle Gärten grau. – Oder?

Nein, nicht wirklich! Lassen Sie sich von solchen Überlegungen nicht entmutigen. Dieses Buch will die vielen Menschen, ja vermutlich die Mehrheit der Gartenbesitzer, die ihr grünes Paradies hauptsächlich in den Abendstunden nutzen, inspirieren. Es kann zwar die Zeit, die Ihnen effektiv für den Garten bleibt, nicht verlängern, aber vielleicht den Genuss intensivieren. Entdecken Sie, wie Sie den Stunden zwischen den letzten warmen Sonnenstrahlen und mondfinsterer Nacht besondere Reize verleihen können. Richten Sie den Garten so ein, dass er zwischen Ihrer Ankunft und dem Zubettgehen den optimalen Rahmen für Ihre Feierabendbedürfnisse bietet, sei es Ruhe und Rückzug oder Geselligkeit und Austausch.

Körper und Seele im Grünen verwöhnen

Treiben Sie nicht zu viel Aufwand um eine gute Beschattung. Versuchen Sie lieber, die Wärme der untergehenden Sonne möglichst effizient einzufangen. Vergessen Sie farblich ausgeklügelte Beetkompositionen, deren Schönheit sich nur bei strahlendem Sonnenschein erschließt, wenn Sie sie allenfalls am Wochenende bewundern können. Schließlich gibt es auch Farben, die auch oder gerade bei schwachem Licht ihre volle Wirkung entfalten. Und denken Sie daran: Das Wesentliche ist für das Auge unsichtbar. Wenn das Licht geht, kommen die anderen Sinne erst in Hochform. Und denen hat der nächtliche Garten einiges zu bieten. Was ist entspannender, als den Geräuschen der Natur zu lauschen? Was könnte mehr beflügeln, als himmlische Düfte in der Dunkelheit? Und last, not least verleiht künstliches Licht der nächtlichen Szenerie völlig neue Perspektiven.

mmen

Bereiten Sie sich einen schönen Empfang, dann ist schon der Weg das Ziel. Hier steht zum Beispiel duftende Katzenminze Spalier.

Willkommen daheim!

Wer am Spätnachmittag oder am frühen Abend nach Hause kommt, hat oft einen harten Tag hinter sich. Stress und Hektik am Arbeitsplatz, Ärger mit Kunden oder Kollegen, Reizüberflutung durch Computer, Telefon und Fax, schlechte Luft im Büro und nervenaufreibende Staus im Berufsverkehr auf dem Nachhauseweg, dazu vielleicht noch Streit mit der Familie. Das Prinzip des Schneller, Höher, Weiter fordert seinen Tribut. Ein Drittel aller Deutschen, so eine GFK-Studie, klagt über Zeitmangel. Stress-Symptome und Burn-out-Syndrom sind auf dem Vormarsch. So sehnen sich die meisten Menschen nach Feierabend zunächst einmal nach Ruhe und Rückzug, nach Abschalten und Durchatmen.

Wohl dem, der einen Garten hat!

Studien belegen, dass ein grünes Umfeld enorm dazu beitragen kann Stress abzubauen und innerlich zur Ruhe zu kommen. Vermutlich hat das ganz archaische Gründe: Für unsere Vorfahren bedeuteten Bäume und Sträucher Schutz vor Wind und Wetter. Sie vermittelten Geborgenheit und gaben Deckung. Kräuter und Wurzeln spendeten Nahrung, verliehen Kraft und Gesundheit und erhielten das Leben. Vielleicht sind das die Gründe dafür, dass noch heute die meisten Menschen eine angenehme Umgebung mit Pflanzen und Grün verbinden. Ein Garten beruhigt und ist der ideale Platz, um Stress abzubauen und zu entspannen.

Sich selbst einen schönen Empfang bereiten

sondern kommt auch im übertragenen Sinne bei sich selbst an, findet zurück zur eigenen Natur. Bereiten Sie sich einen schönen Empfang, um diesen Prozess zu unterstützen und zu beschleunigen! Ein Rosenbogen über dem Gartentor oder ein Spalier aus Duftsträuchern am Eingang helfen, den Alltagsstress schon beim Betreten des grünen Reiches abzustreifen. Säumen Sie den Weg zur Haustür mit Ihren Lieblingspflanzen oder stellen Sie bepflanzte Kübel und Kästen als Empfangskomitee neben der Haustür auf. Diese kleinen Highlights stimmen Sie schon mal günstig ein und versüßen den Einstieg in den Feierabend.

Zu sich kommen

Vielleicht reizt es Sie schon beim Hineingehen, hier und da ein paar pflegerische Handgriffe vorzunehmen: eine verwelkte Blüte abzuzupfen, aufgelaufenes Unkraut aus der Erde zu ziehen oder einfach die schönste Rose für die Vase mit ins Haus zu nehmen oder im Vorbeigehen schnell mal am Phlox zu schnuppern. Damit sind Sie bereits auf dem besten Weg, Alltagsstress, Büro und Familienärger hinter sich zu lassen und sich wieder »zu erden«. Der Garten fordert Sie geradezu dazu auf, und zwar auf charmanteste Art und Weise. Schon der Vorgarten wird zur wichtigen Etappe beim Umschalten auf Erholung.

Formen, Farben und Düfte wahrzunehmen schafft inneren Ausgleich und lässt die Hektik des Tages in Vergessenheit geraten.

Ausgeglichenheit und Harmonie finden

Nicht selten schließt sich an die Ankunft gleich ein erster Rundgang durch den Garten an. Weniger um »nach dem Rechten zu sehen«, wie man vielleicht vorgibt, als endlich dem Takt der Uhr zu entkommen, innezuhalten und wieder zu sich selbst zu finden. Hier werden alle Sinne des Körpers, die tagsüber meistens viel zu kurz kommen, angesprochen und wiederbelebt. Die eigene grüne Oase wird über Farben, Formen und Düfte wahrgenommen und dabei stellen sich innere Ausgeglichenheit und Harmonie ganz von selbst wieder ein.

Grüne Kraft

Die therapeutische Wirkung des Gartens fühlen

Nun haben gerade Menschen, die ihren Garten nur abends genießen können, meist wenig Zeit und Lust für aufwändig zu pflegende Gartengestaltungen. Schließlich möchte man dem Druck der Arbeit und Pflichterfüllung entkommen und diesen nicht mit anderen Mitteln fortsetzen. Aber keine Bange, das tut der erholsamen Wirkung Ihres kleinen Paradieses keinerlei Abbruch. Selbst völlig unbearbeitete, »wilde« Natur übt auf den Betrachter eine entspannende, wohltuende Wirkung aus.
Allein schon die grüne Farbe des Laubes hat positiven Einfluss auf die Psyche der Menschen, wie wissenschaftliche Studien nachweisen. Im Volksmund heißt es: Grün ist die Hoffnung. Und die stirbt bekanntlich zuletzt. Grün steht für Vitalität, Lebenskraft und fortwährende Erneuerung, wie sie in der Natur an der Tagesordnung ist. Die Psychologie hat nachgewiesen, dass allein von der Farbe Grün eine beruhigende Wirkung ausgeht. Aus diesem Grund sind Operationssäle in Krankenhäusern meist grün gekachelt und Chirurgenkittel und -hauben aus grünen Textilien gefertigt. Die Farbe wird für die Gestaltung von Schlafzimmern und anderen Wohn?räumen empfohlen, in denen man Ruhe und Erholung finden möchte.
Der Aufenthalt und die Beschäftigung in der Natur und im Garten vermitteln darüber hinaus aber auch noch ganz handfeste gesundheitliche Vorteile.

Üppiges Blattgrün wirkt beruhigend. Farne produzieren große Blätter, die sehr viel Feuchtigkeit verdunsten.

Das Licht- und Schattenspiel sonnendurchfluteter Blätter zaubert eine entspannende, wohltuende Atmosphäre.

Vom gesunden Klima profitieren

Schließlich schaffen grüne Pflanzen die Grundlagen für menschliches Leben auf diesem Planeten. Mit ihrer Wasseraufnahme und dem Wasserverdunstungskreislauf schaffen sie ein lebensfreundliches Klima. Über die Photosynthese erzeugen sie den nötigen Sauerstoff, den der Mensch zum Atmen braucht. Ein einziger etwa 100-jähriger Laubbaum befördert an einem heißen Tag bis zu 500 Liter Wasser von den Wurzeln in die Krone. Über seine Blätter verdunstet er den Großteil davon wieder in die Luft. Er produziert täglich rund 13 Kilogramm Sauerstoff und verarbeitet dabei etwa 17 Kilogramm des Treibhausgases Kohlendioxid. Gleichzeitig filtert er etwa die gleiche Menge Staub aus der Luft. Erst diese erstaunliche Leistung schafft die Bedingungen, unter denen Menschen und Tieren auf der Erde leben und gedeihen können.

Nun bieten heute die wenigsten Gärten noch Platz für einen großen Baum. Aber wenigstens ein Kleinbaum oder Sträucher sollten in Ihrem Garten einen grünen Laubschirm aufspannen. Wenn die Sonne die Blätter durchleuchtet, kann man jede Blattader erkennen und das tanzende Licht genießen. Darunter sorgen großblättrige, üppig belaubte Stauden für viel beruhigendes Blattgrün. So können Sie mit Frauenmantel, Farnen oder hohen Gräsern für erholsame Urwaldatmosphäre sorgen. Gelb oder weiß panaschierte Funkien gaukeln sogar im Dämmerlicht und Schatten noch »Lichtreflexe« vor.

Fühlen, hör

Die filigrane Struktur von Gräsern lädt zum Berühren ein. So lässt sich der Garten hautnah erleben und mit allen Sinnen spüren.

Mit allen Sinnen spüren

Frische Luft und wohltuendes Grün machen bereits den feierabendlichen Rundgang im Garten zum wiederbelebenden Erlebnis. Noch viel tiefgreifender und harmonisierender wird die Wirkung jedoch, wenn alle Sinne des Körpers an der Wahrnehmung teilhaben.

Postieren Sie an verschiedenen Stellen Pflanzen mit samtiger Blattoberfläche wie zum Beispiel den silbergrau behaarten Wollziest, Lichtnelken oder eine Königskerze. Diese »Handschmeichler« laden regelrecht dazu ein, sie im Vorübergehen sanft zu streicheln.

en ...

Unwillkürlich greift die Hand aber auch gern in filigrane Laubstrukturen, wie sie Zier-Fenchel oder Gräser zu bieten haben, und lässt sie sanft durch die Finger gleiten. Buchstäblich hautnah erleben kann man seinen Garten, wenn man ihn einfach einmal barfuß durchläuft. Lassen Sie sich diese sinnliche Erfahrung nicht entgehen! Streifen Sie die Schuhe ab und geben Sie der gestressten Seele neue Bodenhaftung. Hoher feuchter Rasen, kleine federnde Moospolster im Schatten, kitzeliger Rindenmulch zwischen den Stauden oder runder Kies auf den Wegen – die abwechslungsreichen Eindrücke für Ihre Füße hinterlassen aufmunternde Spuren im Gemüt.

Der grüne Samtteppich eines federnden Moospolsters ist Labsal pur für die Füße. Schritt für Schritt geht man wie auf Wolken.

Wer Vögel mit Nahrung lockt, kann sich auch an ihrem Gezwitscher erfreuen. Es muss keineswegs immer ein Vogelhäuschen sein ...

Ruhig bedeutet keineswegs gleich still

Um anzukommen, im Garten und bei sich selbst, hilft uns zwar die Ruhe und der Frieden, den das Grün ausstrahlt, von Stille kann aber deswegen keine Rede sein – im Gegenteil.
Die Herausforderung besteht gerade darin, unsere reizüberfluteten Ohren wieder für die ungewohnten natürlichen Geräusche zu sensibilisieren. Nach einem Tag, der akustisch geprägt ist von Maschinengeräuschen, Telefonklingeln, Radiomusik, Verkehrslärm oder Kindergeschrei, empfindet man in der Regel schon die bloße Abwesenheit dieser »Lärmquellen« als erholsam. Das volle Entspannungspotenzial des Gartens erschließt sich aber erst, wenn man sich auf die »Musik« der Natur einlässt. Wem dies bei der Ankunft noch nicht sofort gelingt, der schließe einfach mal die Augen: Plötzlich dringen Vogelgezwitscher und Insektengesumme ans Ohr. Man registriert das Rauschen des Windes in den Baumkronen, das Rascheln von Falllaub und hohen, trockenen Grashalmen. Vielleicht platschen irgendwo schwere Regentropfen auf glatte Blattoberflächen. Sich diesen Melodien und Rhythmen zu überlassen entfaltet nahezu meditative Wirkung. Probieren Sie es aus!
Jeder Gartenbesitzer kann selbst einiges dazu beitragen, dass sein grünes Paradies möglichst viele Klangreize hervorbringt. Gehölze mit Beerenschmuck zum Beispiel locken zahlreiche Vögel an, ebenso dichte Hecken, die geschützte Nistplätze bieten. Die geflügelten Besucher revanchieren sich mit munterem Gezwitscher. Nektarreiche Blüten ernähren Bienen, Hummeln und andere Insekten, deren Gesumme eine heile Welt suggeriert. Dicht belaubte Bäume verstärken das Rauschen des Windes, aber auch die biegsamen Blütenstände hoher Gräser rascheln reizvoll in jeder Brise, die sie elegant hin und her bewegt.

Sanftem Plätschern und Gurgeln lauschen

Besonders entspannende Wirkung geht von plätscherndem Wasser aus. Ein kleiner Quellstein oder Springbrunnen an Terrasse oder dem Sitzplatz trägt mit seinem Gemurmel viel zu einer relaxten Stimmung bei. Hier lässt sich´s stundenlang aushalten und man kann einfach nur lauschen. Wer Platz genug hat und den technischen Aufwand nicht scheut, kann den Effekt mit einem Bachlauf noch toppen. Eine Pumpe hält das Wasser in ständiger Bewegung. Steine und Kaskaden im Bachbett sorgen für munteres Gluckern und Gurgeln. Tauchen Sie ein in die Welt der Nymphen und Wasserelfen und vergessen Sie den Alltag!

Ein kleiner Brunnen bietet nicht nur optische, sondern mit seinem Plätschern, Murmeln und Gurgeln auch akustische Reize.

...und riech

Alle Arten von Blockaden sanft lösen

Eine gute Methode, nach der Heimkehr schnell von der Anspannung in die feierabendliche Entspannung hinüberzugleiten, besteht in leichter Gartenarbeit. Jetzt erschrecken vielleicht viele: Nach einem Acht- oder Zehnstunden - Büro- oder Hausarbeitstag noch Spaten, Heckenschere oder Rasenmäher bedienen? Das klingt alles andere als entspannend! Nein, solche schweißtreibenden Arbeiten sind auch nicht gemeint. Aber ein paar Töpfe gießen, verwelkte Blüten aus den Beeten entfernen, ja sogar Unkraut jäten - sofern man sich dabei keine allzu ehrgeizigen Ziele steckt -, kann durchaus meditative und sanft therapeutische Qualitäten entfalten. Schließlich ist das moderne Leben von Bewegungsmangel, einseitiger Belastung und reichlich Stress geprägt. Die leichte Tätigkeit an der frischen Luft hilft Verkrampfungen und Verspannungen zu lösen. Und das nicht nur auf der körperlichen Ebene. Nachgewiesenermaßen geraten selbst festgefahrene und ins Stocken geratene Gedanken und Emotionen dabei wieder in Bewegung. Deshalb wird leichte Gartenarbeit sogar als erfolgreiches Therapiemittel eingesetzt. Probieren Sie es aus: Während Sie sich um Ihre Beete kümmern, erwachen alle Ihre Sinne zu neuem Leben und regenieren Körper und Seele. Kreativität und Phantasie kommen wieder in Fluss, die Lebensgeister kehren zurück und neue Vitalität macht sich breit.

Sehen, Fühlen und Hören sind die offenkundigsten Sinnesleistungen. Für unsere Gefühle am wichtigsten ist jedoch das Riechen. Düfte gehen unmittelbar ins Herz.

Leichte Gartenarbeit hilft Stress und Verspannungen abzubauen. Auch festgefahrene Gedanken kommen so wieder in Fluss.

en

Düfte entführen mit ihren geheimnisvollen Botschaften ins Reich der Sinne und beeinflussen das Wohlbefinden nachhaltig.

Wohltuenden Balsam für die Seele aufsaugen

Rund 23 000-mal am Tag atmet der Mensch ein und aus und taucht dabei, ob er will oder nicht, ins Reich der Düfte ein. Man kann zwar wegsehen oder weghören, aber wegriechen kann niemand. Dabei werden laufend Signale über Rezeptoren in der Nase ins Gehirn weitergeleitet und dort im Stammhirn, dem ältesten Teil unseres Denkorgans, verarbeitet. Auch die Steuerzentrale der Emotionen ist dort lokalisiert und man weiß inzwischen, dass Düfte und Gefühle deshalb aufs Engste miteinander verknüpft sind.

Duftende Botschaften können sogar Körperfunktionen beeinflussen, die sich dem Willen entziehen. Ein Umstand, den Marketingexperten derzeit zur Absatzförderung ihrer Produkte entdecken. Bestimmte Düfte sollen die Kauflust der Kunden steigern ohne dass sie sich der Manipulation bewusst werden. In der Aromatherapie macht man sich diesen Wirkungsmechanismus für heilsame Zwecke zu Nutze.

Im Garten können Sie sich Ihre ganz individuelle Aromatherapie zusammenstellen. Viele Blumen- oder Kräuterdüfte wie Lavendel, Rose oder Melisse fördern die Entspannung. Zitrusnoten stimmen heiter und erfrischen, unterstützen aber auch Konzentration und Kreativität. Andere, beispielsweise Rosmarin, regen sanft an. Lassen Sie sich bei der Auswahl ruhig von Ihrer Nase leiten. Was Sie als gut und angenehm riechend empfinden, tut Ihnen auch gut. Gerade der abendliche Garten, der mit schwindendem Licht die optischen Reize reduziert, sollte mit Düften nicht geizen (siehe auch S. 50 ff und S. 90).

Würzige Aromawolken lostreten

Was ist schon ein roter Teppich als Willkommensgeste? Versüßen Sie sich und Ihren Gästen das Begehen des Gartens stattdessen mit etwas absolut Einmaligem: mit einem Duftpfad. Er hüllt jeden Ankommenden in betörende Aromawolken und entführt einen sofort in sinnliche Gefilde.
Nicht viele Pflanzen tolerieren es freilich, wenn man sie regelmäßig mit Füßen tritt. Man sollte auch nicht gerade den häufig benutzten Hauptweg von der Gartenpforte zur Haustür dafür auswählen. Aber es gibt einige niedrig bleibende Kräuter, die durchaus begehbar und ähnlich trittfest sind wie Rasen. Als so genannte Kontaktdufter setzen sie ihre ätherischen Öle erst bei Berührung frei. Dazu gehören vor allem Thymianarten und -sorten (siehe rechts), Englische und Römische Rasenkamille, Kriechendes Bohnenkraut sowie für schattige Lagen einige Minzen. Alle müssen regelmäßig zurückgeschnitten werden!

pfade

Thymiane

Der bekannteste aus der riesigen Familie ist der Garten-Thymian *(Thymus vulgaris)*, der in der Küche vielseitig Verwendung findet.
Er wächst jedoch zu hoch, um für Duftpfade geeignet zu sein.
Begehbar sind: Kümmel-Thymian *(T. herba-barona)*, Kriechender Zitronen-Thymian *(T. herba-barona* v. *citriodorus)*, Lavendel-Thymian *(T. tracicus)*, Quendel *(T. serpyllum)* und der Zitronen-Quendel *(T.* x *serpyllum)*.
Thymiane sind Hungerkünstler. Sie gedeihen gut auf kargen, eher trockenen, kalkhaltigen, lockeren Böden und schätzen volle Sonne.

Römische Kamille

Den herben, würzigen Aromen der Thymiane setzt die Römische Kamille *(Anthemis nobilis)* fruchtige Duftnoten entgegen. Sie wird auch Badekamille genannt. Ihre kriechenden Triebe bewurzeln leicht, sobald sie die Erde berühren.
Daher webt sie rasch einen dichten Duftteppich. Sie braucht einen vollsonnigen Standort.
Die nahe verwandte Englische Rasenkamille *(A. nobilis* 'Treneague') bleibt mit fünf Zentimeter Höhe noch niedriger im Wuchs und setzt auch keine Blüten an. Ihre dichten Polster brauchen nicht einmal gemäht zu werden.

Korsische Minze

Winzig kleine Blättchen zieren diese polsterbildende Duftspenderin. Obwohl die Korsische Minze *(Mentha requienii)*, wie der Name andeutet, aus mediterranen Klimazonen stammt, bevorzugt sie halbschattige und eher feuchte Standorte. Sollte sie in einem strengen Winter einmal zurückfrieren, macht das gar nichts, da sie über Selbstaussaat für reichlich Nachkommenschaft sorgt.
Eine gute Alternative für noch schattigere Plätze ist die Teppichpoleiminze *(M. pulegium* 'Nanum'). Sie verströmt wahrhaft herrlich erfrischenden Minzeduft.

Lieblingsplätze für einen angenehmen Aufenthalt gestalten

Um die Schönheit des Gartens und all seine sinnlichen Reize richtig genießen zu können, braucht es geeignete Sitz- und Liegeplätze. Schließlich möchte man sich gerade am Abend Zeit nehmen, möchte zur Ruhe zu kommen und endlich abschalten. Nicht nur Berufstätige, auch Hausfrauen oder Rentner haben das Bedürfnis, zum Ausklang des Tages einfach mal alle viere von sich zu strecken und gar nichts zu tun.
Sich zurücklehnen, den Blick in die blaue Weite des Himmels eintauchen oder über die bunte Pracht der Beete oder das satte Blattgrün schweifen lassen leitet den gemütlichen Teil des Abends ein. Die Vorstellungen über den optimalen Platz dafür sind dabei sicherlich so individuell wie die einzelnen Gartenbesitzer und ihre jeweilige Lebenssituation.
Benötigt man eine Rückzugsmöglichkeit vor Familienmitgliedern oder neugierigen Nachbarn? Wie wär's mit einem After-Work-Nickerchen in einer geschützten Gartenecke? Manche suchen vielleicht die Inspiration mitten im Blütenmeer mit seinen Düften, um ihren Gedanken nachzuhängen oder Pläne für die weitere Gartengestaltung zu schmieden. Andere brauchen Tisch und Stuhl, um bequem bei einer Tasse Kaffee, einem Gläschen Bier oder Wein den Feierabend einläuten zu können. Und für wieder andere ist es unabdingbar, Raum und ausreichend gemütliche Sitzgelegenheiten für gesellige Runden mit Freunden und Nachbarn zu haben. Gartenpartys und gemeinsame Grillabende auf der Terrasse gehören einfach zum Feierabendglück.

Für jede Lebenslage gibt es den richtigen Platz

Wie auch immer: In jedem Fall sollte man bei der Gartenplanung und -gestaltung an die Einrichtung geeigneter Sitz- und Liegeplätze denken. Ohne sie bringt der Garten nur halben Genuss. In der Praxis zeigt sich dann meist sehr schnell, dass ein Platz alleine gar nicht reicht, denn der Feierabend ist lang und hat verschiedene Bedürfnisse zu erfüllen. Da braucht es eine Zone für das ungestörte Sonnenbad am Spätnachmittag, ein windgeschütztes Bänkchen vor dem Haus, auf dem man sich auch im Frühjahr und Herbst an den letzten Sonnenstrahlen des Tages wärmen kann sowie einen großen Tisch mit guter Beleuchtung für nächtliches Essen, Trinken und Feiern. Nicht zuletzt prägt auch die Auswahl des Mobiliars den Stil und das besondere Flair des Gartens.

lassen

Simpel, aber effektiv: Direkter Bodenkontakt erdet Körper und Seele und wirkt wunderbar entspannend.

Fallen lassen und abschalten

Natürlich ist es Geschmacksache, wie nahe Sie Ihrem Garten beim Niederlassen kommen wollen. Die Methode, die einen zweifellos am besten erdet, ist, sich nach dem Ankommen einfach in den Rasen fallen zu lassen. Vielleicht gesellen sich die Kinder dazu oder der Hund versteht es als Einladung zum Spielen und es wird ein fröhliches Wälzen und Tollen daraus. Vielleicht genießen Sie es aber auch, einfach nur dazuliegen, den Wolken zuzusehen und unter sich Boden, Wurzeln und Erde zu spüren – Natur pur, ungedämpft und ungefiltert.
Jede Bodenunebenheit ist zu fühlen. Die Grashalme kitzeln im Nacken. Ameisen erklimmen die Fußsohlen und das grüne Polster gibt eine kaum spürbare Feuchtigkeit ab. So lässt sich's Wurzeln schlagen und Geist und Seele erhalten wieder Bodenhaftung, selbst nach dem abgehobensten Businesstermin und der abgefahrendsten Fete ihres Nachwuchses. Pflegen Sie also immer ein Stückchen Rasen als persönliche Chill-out-Area. Und wem der direkte Bodenkontakt zu elementar erscheint, der kann den Lagerplatz ja mit einer Decke oder Strohmatte etwas zivilisieren. Aber aufgepasst – ehe man sich versieht, ist man schon eingeschlafen!

Genussvoll in den Schlaf schaukeln

Zu den erholsamsten Regenerationsmitteln, so haben Stressforscher herausgefunden, gehört ein kleines Nickerchen zwischendurch. Nach Büroschluss und vor dem Start des abendlichen Freizeitprogramms bietet sich in den Sommermonaten dafür natürlich der Garten an.
Nichts beschleunigt das Einschlafen so sehr, wie sanftes Hin-und-her-Schaukeln. Diese Binsenweisheit trifft nicht nur auf Kleinkinder zu. Wiegen tut auch bei Erwachsenen seine Wirkung.
In Mexiko und Lateinamerika gehört deshalb die Hängematte zur Siesta wie der Sombrero zum Gaucho. Auch bei größter Hitze ist man von allen Seiten gut belüftet und findet im Schatten eines Baumes oder einer Pergola angenehme Abkühlung. Man kann das tanzende und flirrende Spiel von Licht und Schatten in den Blättern über sich beobachten und sich mit Hilfe eines in der Nähe befestigten Seiles selbst fortwährend am Schwingen halten. Da lässt der Schlaf dann garantiert nicht lange auf sich warten.

Einfach mal abhängen

Hängematten gibt es in vielen Größen und Materialien, von zahlreichen Herstellern und Anbietern. Generell unterscheidet man Modelle mit und ohne Spreizstock. Anfänger tendieren oft zur ersten Variante, weil die »aufgespannte« Matte leichter erklimmbar wirkt. Tatsächlich ist eher das Gegenteil der Fall. Der Spreizstock reduziert die natürliche Schwerpunktverlagerung; das Ganze wird kippeliger. Auch wo Kinder im Haushalt sind, sollte man eher Modelle ohne Stock bevorzugen. Die Gefahr herauszufallen ist hier geringer.

Die Liegeflächen bestehen oft aus geflochtenem Material. Das bietet den Vorteil einer optimalen Belüftung und einer höheren Dehnbarkeit. Allerdings bleibt man leicht mit Schmuck, Haarspangen etc. darin hängen. Gewebte Stoffe erweisen sich als stabiler und pflegeleichter. Außerdem halten sie die Wärme besser und sind daher in unseren Breiten, in denen es abends meist ohnehin schnell kühl wird, zu bevorzugen. Mit ihren farbenfrohen Mustern machen Sie auch optisch viel her. Am besten legt man sich übrigens diagonal in eine spreizstocklose Hängematte. Daraus resultiert automatisch die beste Körperhaltung. Außerdem verhindert diese Position, dass die Seiten über einem zusammenschlagen.

Praktische Hilfsmittel erleichtern die Handhabung

Was tun, wenn keine zwei Bäume für die Aufhängung vorhanden sind? Kein Hinderungsgrund. Vielleicht bietet sich eine Wand an, die man mit einem Haken versehen kann oder eine Pergola, deren Dachbalken stabil genug sind. Notfalls erhält man im Fachhandel auch Hängemattenständer. Diese stabilen Metallkonstruktionen sind freistehend und können flexibel den Platz im Garten wechseln.

Der optimale Abstand zwischen den beiden Befestigungspunkten beträgt übrigens etwa 80 bis 90 Prozent der Gesamtlänge der Matte. Legt man die Seile um Baumstämme, sollte man die Rinde mit einem Polster aus Leinen, Schaumgummi oder ähnlichem schützen, damit der Baum nicht leidet. Handelsübliche Seilachter, Karabinerhaken und sogar stoßdämpfende Federn machen die Aufhängung einfach und das Ein- und Aussteigen noch komfortabler.

Hängematten machen selbst ein kurzes After-Work-Nickerchen im Freien zum traumhaften Erlebnis. Probieren Sie's aus!

Stühle sind leicht zu transportieren und daher flexibel einsetzbar. So können Sie den schönsten Perspektiven Ihres Gartens folgen.

Öfter mal die Stühle rücken

Es ist gar nicht so einfach, alle Ansprüche, die gewöhnlich an Sitzplätze gestellt werden, zu erfüllen. Insbesondere in kleinen Gärten kann man meist schon froh sein, wenn man, abgesehen von der Terrasse, noch eine weitere Sitzecke unterbringt. Dabei übersieht man leicht, dass auch ganz kleine Lösungen sehr attraktiv sein können und sogar viele Vorzüge bieten.
Stühle sind von der Sitzfläche her selten größer als 50 x 60 Zentimeter. Sie wiegen nicht sehr schwer und können daher leicht getragen und umgestellt werden. Das heißt, sie ermöglichen es Ihnen immer, je nach Lust und Tageslaune die passende Ecke zum Relaxen zu finden.

In den heißen Sommermonaten kühlt man am liebsten im Schatten großer Bäume und Sträucher aus, am Ufer des Teiches oder an der Nordseite des Hauses. Im Frühling und Herbst dagegen sucht man in der Regel die abendlichen Sonnenflecken des Gartens auf, schätzt die Wärmeabstrahlung einer Südwand oder den Windschutz hoher Hecken. So lassen sich mit etwas Glück schon im April und noch im Oktober Dämmerabende im Garten verbringen.

Der Lust und Laune nachgeben

Bekanntlich verläuft ja auch nicht jeder Tagesablauf gleich. Manchmal ist einem nach Feierabend nur noch nach Rückzug zumute. Man möchte erst mal in Ruhe irgendwo abschalten, fernab von allen Nervensägen dieser Welt. Zieht man sich mit einem Stuhl in einen gedeckten Winkel des Gartens zurück, der kaum Raum für einen zweiten lässt, ist das ein deutliches Signal an alle Mitbewohner: »Ich will allein sein und nicht gestört werden.« Ein anderes Mal stürzt man sich voller Elan in die Freizeit und sucht einen inspirierenden Platz zum Malen, Lesen oder Arbeiten. Dann bevorzugt man sicher eher helle, von Blüten umschmeichelte oder gar in Duft gehüllte Orte, die beflügeln und Fantasie und Geist anregen.

Perspektiven wechseln

Die Mobilität einzelner Stühle ermöglicht es vor allem, sich dem ständigen Wandel des Gartens anzupassen. In jeder Jahreszeit entwickeln sich andere Höhepunkte. Im Mai ist es das Tulpenmeer unter der Magnolie im Vorgarten, im Juni und Juli ist es die Rosenrabatte am Zaun, und im Herbst locken die Astern und Dahlien neben der Felsenbirne. Mit einem einfachen Stuhl können Sie immer den schönsten Perspektiven Ihres Gartens nachziehen, wo immer diese sich gerade eröffnen.

Leichtes Material wählen

Dem Material der Stühle kommt bei flexiblem Einsatz weniger große Bedeutung zu. Da der Einsatzort ständig wechselt, kann man Farbe und Design ohnehin nicht auf alle Umgebungen abstimmen. Wichtiger ist, dass sie leicht und handlich sind. Kunststoffstühle bieten sich durch ihr geringes Gewicht an. Es gibt sie in vielen Farben und Formen. Auch Korb- und Rattanmaterial ist schön leicht und sehr bequem. Allerdings sind diese Möbel in der Regel etwas ausladender gefertigt - und sie müssen vor nassem Wetter geschützt werden.

Holz- und Metallstühle verwittern nicht so leicht. Es gibt sie in den verschiedensten Ausführungen, in rustikaler, eleganter und schlichter Linienführung. Da das Ausgangsmaterial schwerer wiegt, sollte man hier auf eine luftige, transparente Konstruktion achten, damit sie leicht transportabel bleiben. Ein Klappmechanismus erweist sich dabei als praktisch. Er erleichtert nicht nur das Umstellen im Garten. Der Platzsparmechanismus macht es auch einfacher einen Aufbewahrungsort für die Wintermonate zu finden.

Einen Blickfang setzen

Selbstverständlich sind trotz aller Flexibilitätsvorteile auch dauerhaft postierten Stühlen Reize abzugewinnen, ganz gleich, ob man sie nun als Sitzmöbel oder als reine Dekoelemente nutzt. Farblich perfekt gestylte Stühle ergeben tolle Blickfänge. Nehmen Sie einen alten Stuhl, der sonst auf dem Sperrmüll landen würde, streichen Sie ihn in einer Ton-in-Ton auf Ihre Rosen, Hortensien oder Astern abgestimmten Farbnuance und stellen Sie ihn mitten ins Beet. Die Wirkung ist phänomenal!

Die Grenze zwischen Dekoelement und Sitzmöbel ist je nach Material, Design und Einsatzort manchmal schwer zu ziehen.

Füße hoch

Sich ausstrecken und die Seele baumeln lassen

Die fürstlichste Haltung zum Entspannen ist und bleibt die waagerechte. Füße hoch, zurücklehnen und sich gemütlich in die Länge räkeln. Das tut nicht nur runden Bürorücken nach Arbeitsschluss gut, es regeneriert auch nach getaner Gartenarbeit am effektivsten den geplagten Körper. Gerade Liegestühle und Deckchairs verbreiten zudem immer auch etwas Urlaubsflair. Sie erinnern an Strand, Swimmingpool und süßes Nichtstun. Ihre bloße Anwesenheit lädt zum Pausemachen ein, zum Sonnenbaden und dazu, den leichteren Seiten des Daseins zu frönen. Modelle mit Rollen ermöglichen die flexible Standortwahl, je nachdem wo gerade die gewünschten Lichtverhältnisse herrschen.

Um sich so richtig der erholsamen Wirkung überlassen zu können, braucht es jedoch etwas Intimität und Geborgenheit. Egal, ob Sie sonnenbaden, sich in ein gutes Buch vertiefen oder ein nachmittägliches Erholungsschläfchen halten wollen, »auf dem Präsentierteller« fühlt sich dabei niemand wohl. Ein Liegestuhl sollte deshalb immer etwas Sichtschutz (siehe S. 58 ff.) genießen, etwa hinter einer Hecke, einer Sichtschutzwand, einem Vorhang aus Kletterpflanzen (siehe S. 64) oder hohen Prachtstauden.
Die Nähe von plätscherndem Wasser oder einer beruhigenden Teichoberfläche steigert den Entspannungseffekt ebenso wie die Nachbarschaft von Duftpflanzen.

Erholung und Entspannung pur versprechen diese beiden Liegestühle am Teichufer. Sie laden zum Dolcefarniente ein.

Ein Rahmen aus Blütengehölzen sorgt für Intimität und Geborgenheit. Hier lässt sich's ungestört ausruhen und sonnenbaden.

Platz nehmen und plaudern

Was wäre ein Feierabend ohne ein vertrautes Gespräch? Ohne den Austausch mit dem Partner, der besten Freundin oder einem lieben Nachbarn? Für die Kommunikation unter vier Augen bieten Gartenbänke den idealen Rahmen.
Die meisten Modelle sind zwischen 120 und 150 Zentimeter breit und bequem für ein Tête-à-Tête zu nutzen. Rundbänke erlauben auch größeren Runden den gemeinsamen Plausch.
Da zwei und mehr »Besitzer« jedoch einiges an Gewicht auf die Bankbeine bringen, empfiehlt sich ein befestigter Untergrund. Steinplatten, ein Holzdeck oder Kies geben den nötigen Halt. Dadurch erhalten Bänke in der Regel einen festen Platz im Garten. Diesen kann man zusätzlich optisch aufwerten, indem man einen kleinen Weg dorthin führen lässt. Eine Baumkrone als Dach sowie Kletter- oder Heckenpflanzen, aber auch attraktive Stauden sorgen für den dekorativen Rahmen und gemütliches Flair.

Romantisch

Umspielt von duftigen Blüten in zartem Weiß und romantischem Rosa und Violett, lädt dieser Platz zum Träumen ein. Die üppigen Blatthorste und -polster der Stauden bauschen sich wolkig zu beiden Seiten der Bank auf und brechen die strenge Linie der Rasen-Beet-Grenze locker auf. Attraktive Accessoires wie die Rosenkugel und das kleine Metalltischchen mit dem verspielten fein ziselierten Fuß ergänzen die Szene stilistisch perfekt. Nicht nur Verliebte entdecken hier ihre sanften Seiten.

Klassisch

Klare geometrische Linien geben hier den Rahmen vor. Eine hohe Formschnitthecke sorgt für gute Rückendeckung und kühlenden Schatten. Die Armlehnen werden links und rechts optisch aufgegriffen von niedrigen Buchseinfassungen mit Kugelkuppel in der Mitte. Die überhängenden, grünen Laubkaskaden des Efeus im Hintergrund lockern die Strenge etwas auf ohne den Stil zu brechen. In einer so klar strukturierten Umgebung lässt sich wunderbar Stress abbauen und die innere Balance wiederfinden.

Naturnah

Weniger ist manchmal mehr. Hier wird das Auge durch keinerlei Schnickschnack abgelenkt. Das Grün von Laub und Rasen entfaltet allein seine wohltuende Wirking. Die Krone der Hänge-Birke spannt ihren schützenden Schirm mit den schleierartig überhängenden Zweigen über der Bank auf und verwandelt diesen an sich völlig offenen Platz auf unnachahmliche Weise in einem Gartenraum, der Geborgenheit und Intimität vermittelt. Das Pflasterrondel gibt dem Ruheraum eine feste Basis und klare Grenzen im Rasen.

Kletterpflanzen, hier eine duftende Kletterrose, erschließen die Vertikale und verwandeln den offenen Sitzplatz in einen eigenen Raum.

Die Ausstattung prägt die Wirkung

Individuellen Ideen sind bei der Sitzplatzgestaltung kaum Grenzen gesetzt. Ihr persönlicher Geschmack entscheidet, wie Ihr Lieblingsplätzchen aussehen soll. Bevorzugen Sie heitere, bunte Farben oder lieber beruhigendes Grün? Sind Sie ein Fan verspielter Accessoires, oder fühlen Sie sich eher mit schlichten, klaren Linien und Formen wohl? Solche Vorlieben spiegeln sich natürlich auch in der Sitzplatzgestaltung wider.
Allerdings kommt auch dem Standort im Garten eine gewisse Bedeutung zu. Die Schattenoase, in der man im Hochsommer Abkühlung sucht, wird anders aussehen als die »Sonnenbank« zum Wärmetanken. Schon allein die Auswahl der Rahmenpflanzen verschiebt sich. Im Schatten fühlen sich viele immergrüne wie Liguster oder Kirschlorbeer wohl. Sie ergeben eine effektvolle dunkle Hintergrundkulisse, vor der sich dann beispielsweise helle Möbel wie weiße Friesenbänke oder weiß lackierte Metallstühle gut abheben. Sie hellen zugleich die Schattenlage optisch auf. Als Begleitstauden bieten sich Eisenhut, Silberkerzen, Astilben sowie Funkien und Farne an. Sonnenplätze dagegen können mit einer Vielzahl von Prachtstauden, Rosen und Blütengehölzen ausgestattet werden. Verspieltes Schleierkraut oder Wolken aus Frauenmantel sorgen für sanfte Umrisse.
Schlanke Ritterspornkerzen setzen Ausrufezeichen dazwischen, und weiße Lilientrichter hüllen die Bank in ihr intensives Parfum. Eine »Überdachung« mit Kletterpflanzen (siehe S. 64/65) verleiht ihnen nicht nur Geborgenheit, sondern sorgt auch für eine transparente Beschattung, die vor allzu starker Einstrahlung schützt. Die Erschließung der Vertikalen macht aus dem Sitzplatz einen Wohnraum.

Standhafte Sitzgelegenheit verführt die Sinne

Bei dauerhaft installierten Sitzgelegenheiten kommen für die Möblierung auch schwerere Materialien in Frage. Aus massiven Baumstämmen können Bänke von rustikaler Ausstrahlung entstehen, wenn man sie so behauen lässt, dass Sitzflächen und Rückenlehnen entstehen.

Auch Metallkonstruktionen müssen nicht unbedingt filigran sein, wie bei transportablen Möbeln, sondern dürfen auch mal auf gewichtiger Basis ruhen.

Vor allem aber bietet sich Stein für sonnenbeschienene Sitzplätze an. Das Naturmaterial speichert die Hitze des Tages für den Feierabendgärtner und gibt sie als wohltuende Wärme nach Sonnenuntergang an seinen Besitzer wieder ab - eine vorausschauende Materialwahl für alle, die den Garten vorwiegend in den späten Stunden nutzen.

Will man dem Ganzen eine zusätzliche sinnliche Note verleihen, lässt man die Sitzfläche von duftenden Kräutern beranken, wie Römischer Kamille beispielsweise oder verschiedenen Thymianen (siehe S. 19 »Duftpfade«). Einige Vertiefungen mit einer etwa drei Zentimeter tiefen Erdschicht genügen, um die Hungerkünstler zu ernähren. Sie weben dann mit ihren aromatischen, kleinen Blättchen einen Duftteppich über die Bank. Auf ihren Polstern darf man sich getrost ausstrecken. Die Berührung belohnen sie sogar mit Wolken herb-würziger Düfte, die einen sofort ins Reich der Träume entführen.

Auf Duftbänken darf man sich ruhig räkeln. Robuste Kräuter, wie die Römische Kamille oder Thymiane, spenden Aroma.

In großen Gärten untermalt ein »Festplatz« an der Grundstücksgrenze jede Party mit tollen Aussichten ins Grüne.

Tafelfreuden gesellig genießen

Zu den Höhepunkten sommerlicher Gartenabende gehört sicher das Essen und Trinken im Freien. Wer während sonniger Juli- und Augustwochen den ganzen Tag in stickigen Büros, im Auto oder an anderen Arbeitsplätzen gefangen sitzt, der möchte sich wenigstens nach Sonnenuntergang frische, laue Luft um die Nase wehen lassen. Nirgendwo schmeckt dann ein bunter Grillteller mit einem kühlen Bier oder einem Glas Wein besser als auf der heimischen Terrasse.

Unter den Sitzplätzen im Grünen belegt die Terrasse nach wie vor den Spitzenplatz, denn sie bietet viele Vorzüge.
Terrassen befinden sich nah am Haus, sie stellen sozusagen den Übergang vom Wohnraum in den Garten her. Hier lässt sich's gut arbeiten, aber auch gut essen und trinken. Unterlagen, Gläser, Geschirr und Besteck müssen praktischerweise nicht erst weit getragen werden. Der Weg vom Arbeitszimmer oder von der Küche an den Tisch beträgt nur wenige Schritte. Zudem genießen Terrassen meist etwas Wind- und Sichtschutz durch Hauswände oder Sichtschutzelemente zum Nachbarn. Das verleiht ihnen Geborgenheit und lässt die Temperaturen mit fortschreitendem Abend nicht so schnell absinken. In der Regel sorgt ein befestigter Boden für einen ebenen, wetterfesten und leicht zu reinigenden Untergrund. Pflaster, Steinplatten, Holzdecks oder andere Bodenbeläge sind der starken Beanspruchung gewachsen. Schließlich werden hier laufend Stühle hin und her gerutscht, und viele Füße treten auf der Stelle. Frei bleibende Bodenflächen lassen sich mit Topf- und Kübelpflanzen dekorativ ans Gartenbild anpassen.

Ausreichend Platz zum Feiern einplanen

Damit die ganze Familie hier Platz findet und gelegentlich auch noch Gäste dazukommen können, muss der Tisch natürlich ausreichend groß sein oder sich zumindest mit wenigen Handgriffen entsprechend vergrößern lassen.
Eine Tischfläche von 120 x 80 Zentimetern kann man für sechs Personen als Mindestmaß ansetzen.

Stellt man sechs Stühle dazu und kalkuliert etwas Platz zum Verrücken und Hindurchgehen mit ein, so beansprucht ein gemütlicher Essplatz mindestens acht bis zehn Quadratmeter Fläche. Damit stößt manche Reihenhaus-Terrasse bereits an ihre Kapazitätsgrenzen.

Den Festplatz mit Panoramablick ausstatten

Für Grillabende mit Freunden oder die jährliche Sommerparty müssen daher andere Gartenflächen miteinbezogen werden. Gut wenn dann ein Rasenstück zur Verfügung steht, das rasch mit ein paar Bierbänken oder einer größeren festlichen Tafel bestückt werden kann. Der grüne Teppich erholt sich nach der Ausnahmebeanspruchung meist schnell wieder. Und für den Grill ist ein hausferner Standort ohnehin besser geeignet. So lässt sich das »Ausräuchern« der Innenräume leichter vermeiden.

In größeren Gärten kann der »Festplatz« natürlich auch dauerhaft in die Gestaltung eingebunden werden. Gerade in ländlichen Räumen, wo die Grundstücke noch größer sind, bieten die Gartenränder oft landschaftlich attraktive Ausblicke. Ein Panorama aus Wald, Wiesen oder Hügelketten verwischt die Grenzen zwischen Garten und Natur. Es erzeugt Großzügigkeit und verleiht der Partylaune einen Hauch von Freiheit und Lagerfeuerromantik. Vor diesem stimmungsvollen Hintergrund macht das gesellige Beisammensitzen dann noch mehr Spaß.

Als Essplatz im Freien ist eine Terrasse unschlagbar. Sie bietet Schutz, festen Untergrund und kurze Wege ins Haus.

Details wahrnehmen und sich der Stimmung überlassen

Jede Stunde des fortschreitenden Abends hat ihre eigenen Reize und auch ihr ganz besonderes Flair. Der wahre Genießer schätzt den Augenblick und kostet die Gunst einer jeden Stunde voll und ganz aus. Schließlich gehört es zur hohen Kunst des Daseins, zu jeder Zeit vollständig in der Gegenwart zu leben. »… jeder Augenblick ist von unendlichem Wert, denn er ist der Repräsentant einer ganzen Ewigkeit«, formulierte es Goethe.

Mancher hat aber dennoch auch sein Lieblingsstündchen, das von einer ganz bestimmten Atmosphäre geprägt ist. Ein besonderer Lichteinfall oder spezielle Schattenspiele auf dem Rasen oder am Sitzplatz können einer begrenzten Zeitspanne ihren ganz eigenen Zauber verleihen und sie besonders kostbar machen. Vielleicht freuen Sie sich jeden Abend auf die wenigen Minuten, wenn die letzten Sonnenstrahlen die Wasseroberfläche des Teiches fluten. Vielleicht erhalten Sie zu »festen« Zeiten Besuch von tierischen Gästen, die Ihnen ans Herz wachsen oder Sie lieben es, wenn der Mond in einem bestimmten Blickwinkel auf Ihre Terrasse blinzelt. Überlassen Sie sich diesen Lieblingsstimmungen und genießen Sie die Atmosphäre Ihrer Favoritenstunde. Ihre Seele wird es Ihnen danken und mit Ausgeglichenheit belohnen.

Die Lieblingsatmosphäre gestalterisch verstärken

Das Flair der Abendstunden lässt sich in so mancher Hinsicht jedoch auch durch gestalterische Kunstgriffe gezielt beeinflussen. Man kann diese Zeit oder die Stimmung, die einem am besten gefällt, in ihrer Wirkung bewusst unterstützen.

Lieben Sie das warme Licht und die glühenden Farben, in die die letzten Sonnenstrahlen des Tages den Garten tauchen? Dann verstärken Sie den Effekt doch durch Blüten und Blätter in den Farben des Sonnenuntergangs. Oder liegt Ihrem Gemüt mehr der magische, melancholische Zauber, der sich in der Dämmerstunde über den Garten legt? Dann verleihen Sie der romantischen »Blauen Stunde« einfach mehr Nachhaltigkeit, indem Sie vor allem blaue Blütenpflanzen und silberlaubige Begleiter einsetzen.

Nicht zuletzt beeinflussen Düfte die Stimmung und Atmosphäre eines Platzes. Wählen Sie sich unter den vielen Aromen, die Duftpflanzen zu bieten haben, Ihre Feierabendnote aus, ob erfrischend-spritzig, herbwürzig oder verführerisch schwer und süß, wie ein Hauch von Tausend-und-einer-Nacht. Die Pflanzenwelt bietet für jeden Geschmack das Passende.

eßen

Der schräge Lichteinfall bei Sonnenuntergang wirkt wie ein Weichzeichner. Er wärmt auf sanfte Art, bringt Ruhe und Gelassenheit.

Sundown im Blütenmeer verfolgen

Selbst wer erst spät nach Hause kommt, kann, zumindest in den Sommermonaten, meist noch den Sonnenuntergang im Freien mitverfolgen. Vielleicht haben Sie ein Bänkchen in westexponierter Lage, am besten vor einer aufgewärmten Hauswand, das gute Perspektiven auf die letzten Sonnenstrahlen bietet. Lassen Sie sich hier nieder, das ist die konsequenteste Art der Zeitumstellung!

Alle tickenden Uhren dieser Welt, Terminstress und Hetze geraten ruck, zuck in Vergessenheit, wenn man sich der gemächlichen und doch unabänderlichen Bewegung der Himmelskörper überlässt. Mit dem Versinken der Sonne senkt sich auch mehr Ruhe und Gelassenheit auf den Beobachter.

Weiches Licht zaubert Flair

Der schräge Lichteinfall lässt die Schatten länger werden. Er verändert Silhouetten und weicht Konturen auf. Hell und Dunkel beginnen langsam ineinanderzufließen und sanft zu verschmelzen. Zugleich nehmen die horizontalen Strahlen dem Sonnenlicht das Grelle, das man tagsüber oft als stechend empfindet. Jetzt wirken sie wirklich wärmend und weich und zaubern eine sanfte Atmosphäre.

Die Sonnenfarbe Gelb gehört zu den warmen Farben des Spektrums und wirkt für sich schon freundlich und erheiternd auf das Gemüt. Sie fördert die Kommunikation und sorgt für gute Laune. Mit gelben Pflanzen holt man sich diese positiven Eigenschaften in den Garten. Gelbblüher versprühen selbst an trüben Tagen etwas vom heiteren, sonnigen Charme unserer Hauptenergiequelle. Mit ihrer Leuchtkraft hellen sie dunkle Ecken auf und machen sie freundlicher und einladender. Helles Gelb ist auch im Abendlicht noch lange gut sichtbar. Das macht die Farbe für Abendgärtner zusätzlich interessant.

Für Liebhaber von Sonnenuntergängen ist Gelb geradezu unersetzlich. An den nicht seltenen Tagen, an denen uns die Sonne mal wieder die kalte Schulter zeigt und ihren Abschied vom Tag ärgerlicherweise hinter dichten Wolken verbirgt, bringen Gelbblüher uns wenigstens etwas von der ersehnten wärmenden Qualität. Und an echten Sundowner-Abenden verstärken gelbe Blüten den strahlenden Effekt.

Glühende Farben setzen leidenschaftliche Noten

Besonders eindrucksvoll intensivieren lässt sich diese Stimmung, wenn man Gelbblüher Ton in Ton kombiniert mit Blütenfarben, die das Sonnenuntergangsspektrum fortsetzen. Leuchtende Orangetöne und warme Rotnuancen ergänzen die flammenden, glühenden Noten, die man von Sonnenuntergängen am Meer kennt. Dort scheint sich die zunächst gelbe Scheibe nach und nach in eine tiefrote Feuerkugel zu verwandeln, ehe sie im Wasser versinkt. Orangefarbene und rote Blüten verleihen der Szene auch im Garten mehr Glut, Leidenschaft und Temperament.

Probieren Sie diesen Gestaltungsgrundsatz in der Rabatte aus. Wie wär's mit einem Beet aus verschiedenen Sonnenbraut-Sorten? Keine andere Staude bietet eine ähnlich reiche Auswahl an Sonnenuntergangsfarben. Die Pflanzung könnte von Hellgelb (z.B. 'Kugelsonne') über Gold- (z.B. 'Goldrausch'), Kupfer- (z.B. 'Waltraut') und Orangetöne (z.B. 'Feuersiegel') bis ins Feuerrote (z.B. 'Baudirektor Linne') spielen. In diesem Blütenmeer versinkt die Sonne mindestens so eindrucksvoll wie in den Wogen des Mittelmeeres.
Das gleiche Farbspektrum kann man aber auch durch Kombination verschiedener Stauden- und Sommerblumenarten erzielen. Die Auswahl ist groß (siehe Pflanzenlisten auf den folgenden Seiten).

Das Sortenspektrum der Sonnenbraut *(Helenium*-Hybriden) blüht in allen Farben des Sonnenuntergangs – Garant für gute Laune.

Sonnensche

BLÜTEN IN SONNENGELB

Stauden:

- **Goldgarbe**
  Achillea filipendulina
  Blüte: Juli-September
  Höhe: 70-130 cm

- **Frauenmantel**
  Alchemilla mollis
  Blüte: Juni-August
  Höhe: 30-50 cm

- **Steppen-Wolfsmilch**
  Euphorbia seguieriana-Hybriden
  Blüte: Juli-August
  Höhe: 50-70 cm

- **Sonnenbraut**
  Helenium-Hybriden
  Blüte: Juni-September; gelb blühen z.B. die Sorten 'Kugelsonne', 'Goldrausch', 'Blütentisch', 'Sonnenwunder' und 'Canaria'
  Höhe: 60-150 cm

- **Sonnenauge**
  Heliopsis helianthoides var. *scabra*
  Blüte: Juli-September
  Höhe 80-150 cm

- **Sonnenröschen**
  Helianthemum-Hybriden
  Blüte: Mai- September
  Höhe: 15-20 cm

- **Mädchenauge**
  Coreopsis verticillata
  Blüte: Juni-September
  Höhe: 30-70 cm

- **Taglilien**
  Hemerocallis-Hybriden
  Blüte: Mai-August; gelb blühen z.B. die Sorten 'Lemon Bells', 'Bitsy', 'Münchner Kindl' und 'Cora Offer'
  Höhe: 40-110 cm

- **Goldfelberich**
  Lysimachia punctata
  Blüte: Juni-September
  Höhe: 80-120 cm

- **Sonnenhut**
  Rudbeckia fulgida
  Blüte: Juli-September
  Höhe: 50-80 cm

- **Goldrute**
  Solidago-Hybriden
  Blüte Juli-September
  Höhe: 50-100 cm

Einjährige:

- **Sonnenblume**
  Helianthus annuus
  Blüte: Juli-Oktober
  Höhe: 40-250 cm

- **Ringelblume**
  Calendula officinalis
  Blüte: Juli-Sept.; orange und gelb
  Höhe: 30-70 cm

- **Studentenblume**
  Tagetes
  Blüte: Juni-Oktober; orange und gelb
  Höhe: 15-120 cm

Sonnengott Helios lässt sich würdig vertreten

Viele gelb blühende Pflanzen erinnern schon rein äußerlich an die energiegeladene, hell strahlende Sonnenscheibe und führen aus diesem Grund auch den Namen ihrer Patin im eigenen mit: Sonnenblume, Sonnenauge, Sonnenhut, Sonnenbraut - sie alle tragen gelbe Strahlenblüten um eine runde, oft dunkler gefärbte Mitte und ähneln damit unserem zentralen Leitgestirn auf verblüffende Weise. Auch die wissenschaftlich botanische Bezeichnung erinnert häufig an diese Tatsache. Oft beginnt sie mit der Silbe »Hel-«, was auf den altgriechischen Sonnengott Helios zurückgeht.
Viele von ihnen haben ihren Blütenhöhepunkt im Hoch- und Spätsommer, also zu der Zeit, in der Feierabendgärtner Gelegenheit haben Sonnenuntergänge im Garten zu genießen. Die Pflanzenauswahl für gelbe Beetgestaltungen lässt also keine Wünsche offen. Von Polster bildenden Zwergen wie dem Sonnenröschen (Helianthemum) bis zu zweieinhalb Meter

iben

hohen Giganten wie der Sonnenblume gibt es jede Zwischengröße. Filigrane Blütenwolken wie beim Frauenmantel oder der Goldrute, wechseln sich mit Großblütigem wie den runden Blütenballons der Rosen oder den breiten Trichtern der Taglilien ab.
Wobei Gelb keineswegs gleich Gelb ist. Satte, warme Goldtöne wie bei Goldgarbe oder Goldfelberich stehen kühl-frischen Limettennuancen gegenüber, wie sie Steppenwolfsmilch, Frauenmantel oder die Mädchenaugen-Sorte `Moonbeam´ zu bieten haben. Nicht zuletzt werden Gelb-Fans auch unter den einjährigen Sommerblumen fündig. Ringelblumen, Tagetes oder Kapuzinerkresse sind wertvolle und unermüdliche gelbe Dauerblüher.

Die einjährige Sonnenblume (oben) ist ein Abbild ihrer Namenspatin. Auch das Sonnenauge (unten) ähnelt unserem Zentralgestirn.

Abendröte

Feuerfarben heizen der Atmosphäre mächtig ein

Gerade die genannten Einjährigen sind auch ganz wunderbar für Farbverläufe im Beet von Gelb nach Orange geeignet, da sie in beiden Farbtönen existieren. Auch Sonnenblumen und Zinnien gehören dazu. Der Fachhhandel bietet viele gelbe, kupferfarbene und sogar rote Sorten an.
Unter den Stauden warten insbesondere Sonnenbräute, aber auch Taglilien und Edelgarben mit einer Sortenfülle in allen Sonnenuntergangstönen auf. Vollendet wird der Farbverlauf mit feurigem, warmem Rot, wie es beispielsweise die Brennende Liebe, Indianernessel-Sorten wie 'Squaw' und 'Cambridge Scarlet', manche Rosen (etwa 'Montana' oder 'Andalusien') sowie Fetthennen zu bieten haben. Ihre brillante Farbintensität steht dem glühenden Feuerball am Abend kaum nach.
Rote und orangefarbene Blüten lassen sich übrigens gestalterisch perfekt durch rothalmige (z.B. Japan-Blutgras) oder herbstfärben-

Edelgarben gibt es in roten und gelben Sorten. Die Kombination mit roten Gräsern sorgt für mehr Leichtigkeit im Beet

de Gräser (z.B. Rutenhirse) ergänzen. Diese lockern mit ihrer filigranen Struktur die Wucht der energiegeladenen Farbe etwas auf. Auch purpurlaubige Begleitstauden und -gehölze, wie der Perückenstrauch *(Cotinus)*, sorgen durch ihre dunkle Tönung für ruhige Pole.

Sparsam verwenden

So wie beim Sundown nur die allerletzten Minuten in einem glühend roten Feuerball gipfeln, gilt es diese temperamentvolle und dynamische Farbe auch im Garten nur sparsam und pointiert zu verwenden. Kleine Einheiten fungieren als tolle Hingucker. Zu viel davon wirkt aber schnell erdrückend, denn Rot zieht die Aufmerksamkeit auf sich und rückt optisch in den Vordergrund. Kleine Gärten scheinen dadurch noch mehr zu schrumpfen.

BLÜTEN IN FLAMMENDEN TÖNEN

Orange

- **Taglilien**
  Hemerocallis-Hybriden
  Blüte: Mai-August; orange blühen z.B.'August Orange', 'Pojo', 'Lucretius'
  Höhe: 40-110 cm

- **Sonnenbraut**
  Helenium-Hybriden
  Blüte: Juni-Sept.; orange blühen z.B. 'Feuersiegel', 'Flammenrad'
  Höhe: 60-150 cm

Einjährige:

- **Ringelblume**
  Calendula officinalis
  Blüte: Juli-Sept.; orange und gelb
  Höhe: 30-70 cm

- **Schwarzäugige Susanne**
  Thunbergia alata
  Blüte: Juli-Oktober;
  Höhe: kletternd 140 - 180 cm

- **Kapuzinerkresse**
  Tropaeolum majus
  Blüte: Juli-Oktober
  Höhe: 30-300 cm

Rot

- **Edelgarben**
  Achillea-Millefolium-Hybriden
  Blüte: Juni-August; rot blühen z.B. 'Sammetriese', 'Fanal'
  Höhe: 30-80 cm

- **Sonnenbraut**
  Helenium-Hybriden
  Blüte: Juni-September; rot blühen z.B. 'Baudirektor Linne', 'Indianersommer';
  Höhe: 60-150 cm

- **Brennende Liebe**
  Lychnis chalcedonica
  Blüte: Juni-Juli; Höhe: 80-100 cm

- **Indianernessel**
  Monarda-Hybriden
  Blüte: Juli-September; rot blühen z.B. 'Squaw', 'Cambridge Scarlet'
  Höhe: 70-130 cm

- **Purpur-Fetthenne**
  Sedum telephium
  Blüte: Juli-Sept.
  Höhe: 40-60 cm

Die Fetthenne, hier die Sorte 'Herbstfreude', verzaubert mit ungeheurer Farbintensität die Monate September und Oktober.

Wenn das Licht langsam bricht und die Luft dunstig wird, entfaltet Blau erst seine größte Leuchtkraft – hier die Kerzen des Rittersporns.

Dämmerlicht ruft zur Blauen Stunde

Wenn sich die Sonne hinter den Horizont zurückgezogen hat und der Abend seinen Lauf nimmt, senkt sich bald das diffuse Licht der Dämmerung über die Beete. Dunst liegt in der Luft. Die Lichtintensität schwindet zusehends. Die ersten Farben verblassen, und langsam dominieren blaue und graue Lichtqualitäten.

Zu dieser Zeit schlägt nun die große Stunde der blauen Blüten. Jetzt scheinen sie regelrecht von innen heraus zu leuchten und zu strahlen. Ihre ohnehin etwas mystische und geheimnisvolle Ausstrahlung wird im trüben Licht der Dämmerung noch einmal mächtig intensiviert. Sie verleihen der »Blauen Stunde« noch mehr romantisch-melancholisches Flair. Eine wunderbare Stimmung, um vom Alltag abzuschalten, zur Ruhe zu kommen, besinnlichen Gedanken nachzuhängen, zu beobachten und Geräuschen zu lauschen – kurz: einfach mal »blau« zu machen und faul zu sein.

Die Farbe Blau gehört ins kühle Farbspektrum und wirkt auf die Psyche des Menschen entspannend und beruhigend. Wie eine frische Brise besänftigt sie auch erhitzte Gemüter. Blau ist die Farbe der Besinnung, der Innenschau und der Meditation, wird aber auch mit Melancholie in Verbindung gebracht, wie der bekannte englische Ausdruck »feeling blue« deutlich macht.

Ob es diese besondere Ausstrahlung ist oder die Tatsache, dass reines Blau im Pflanzenreich so selten ist – fest steht: Blaue Pflanzen üben auf Gärtner seit je eine besondere Faszination aus. Es haftet ihnen etwas Geheimnisvolles und zugleich Verheißungsvolles an, genauso wie einer »Fahrt ins Blaue«. Möglicherweise ist das auch der Grund, weshalb an rein blauen Sorten bei verschiedenen Pflanzenarten so intensiv gezüchtet wird.

Unendlichkeit vermitteln wie Himmel und Meer

Rein praktisch betrachtet, bieten blaue Pflanzen den Vorteil, dass sie kleine Gärten größer erscheinen lassen. Die Farbe des Himmels und des Meeres vermittelt Unendlichkeit, Ferne und Grenzenlosigkeit. Sie scheint vor dem Betrachter zurückzuweichen und schafft Distanz und Weite. Ein blaues Beet am Ende des Grundstücks zieht den Blick mit in die Ferne und wirkt dadurch optisch erweiternd. Probieren Sie den Trick aus, er funktioniert.

Neben blauen Blüten unterstützen das besondere Flair der »Blauen Stunde« aber auch alle Gehölze, Blattschmuckpflanzen und Gräser mit bläulich grünen Blättern sowie die vielen schönen grau- und silberlaubigen Staudenbegleiter (siehe dazu auch S. 46/47) mit ihrer ätherischen Ausstrahlung.

Der besondere, melancholisch-romantische Zauber der »Blauen Stunde« wird durch blaue Blüten und bläuliches Laub gefördert.

Blau

Entspannen, träumen und genießen

Seine besänftigenden und erfrischenden Qualitäten entfaltet Blau in den unterschiedlichsten Farbschattierungen. Mit besonders königlich reinen Varianten brillieren vor allem etliche Ritterspornsorten. Von Himmelblau über Enzian- und Kobaltblau bis hin zu Indigo reicht die Palette ihrer klaren Töne. Ihre majestätische Haltung unterstreicht die natürliche Noblesse, die alle Blaublütigen besitzen.
Der zierliche Staudenlein leuchtet gleichfalls in lichtklarem Himmelblau, ebenso das Vergissmeinnicht. Unter den Einjährigen steuern Jungfer-im-Grünen, Prunkwinde, Azur-Salbei und Männertreu reinblaue Blüten bei. Eine große blaue Auswahl bietet das Bart-Iris-Sortiment, darunter auch nachtdunkle Nuancen, wie sie auch der Sommersalbei 'Mainacht' aufweist.
Die meisten Blaublüher haben jedoch einen leichten Hang ins Lilafarbene, wie Perovskie und Edeldistel (Foto links), oder ins Violette, was ihrer Wirkung aber keinen Abbruch tut.

töne

► **Katzenminze** *(Nepeta × faassenii)* trägt zahlreiche lilablaue Lippenblüten in Quirlen entlang den Trieben. Der anspruchslose, ca. 40 cm hohe Dauerblüher bekennt von Mai bis September Farbe, wenn man ihn nach der ersten Blüte zurückstutzt. Er schmückt sich mit grauem Laub und kommt gut mit trockenen Lagen zurecht.

▲ **Rittersporn** *(Delphinium*-Hybriden): Der stattliche blaue Klassiker wird je nach Sorte 70-200 cm hoch und blüht im Juni/Juli. Schneidet man ihn nach der Blüte knapp über dem Boden ab, treibt er ab August noch mal durch und bildet neue blaue Kerzen. Er liebt vollsonnige Plätze und nährstoffreiche Böden.

◄ **Lein** *(Linum perenne)* bezaubert durch seine filigrane Ausstrahlung. Er wird 30-50 cm hoch und blüht von Mai bis Juli an sonnigen Plätzen.

▼ **Lavendel** *(Lavandula angustifolia)* ist als duftender Rosenkavalier bekannt. Der 30-80 cm hohe Halbstrauch liebt vor allem durchlässige Standorte.

◄ **Sommersalbei** *(Salvia nemorosa)* gibt es in zahlreichen Sorten. Ein Totalrückschnitt nach der Hauptblüte fördert auch hier eine Zweitblüte. Der dankbare Dauerblüher (Mai bis Septenber) ist auf sonnigen, teils heißen Rabatten mit vielen Stauden hervorragend zu kombinieren. Außerdem macht er als Rosenbegleiter eine gute Figur.

Silber und

»Nebelschleier« ins Beet setzen

Die graue Lichtqualität der Dämmerstunde verstärken grau- und silberlaubige Pflanzen auf höchst stimmungsvolle Weise. Ihre Blätter tragen einen Wachsüberzug oder eine feine, filzige Behaarung, die für den metallischen Schimmer verantwortlich ist. Beides sind eigentlich Strategien, um sich vor zu starker Sonneneinstrahlung zu schützen, und verraten die Standortvorlieben dieser Arten: Sie bevorzugen meist vollsonnige Plätze und kalkhaltige, durchlässige, oft sogar etwas karge Böden. Diese Anspruchslosigkeit steht in krassem Kontrast zu ihrer edlen, eleganten Ausstrahlung und dem festlichen Glanz, den sie verbreiten. Sie bringen das kühle Blau noch mehr zum Leuchten und stellen romantische Ton-in-Ton-Übergänge her von blauen Blüten zu bläulichem und grauem Laub. Im schwindenden Licht der Dämmerung verschmelzen silberlaubige Bänder im Beet mit den Dunstschleiern in der Atmosphäre und verstärken so die entrückte Stimmung und den Charakter der so genannten Blauen Stunde, die von

Das Grau des Silberblatts bringt die blauen Kugeln erst so richtig zum Leuchten und sorgt für ätherisches Flair in der Abendstunde.

Grau

diffusem Licht geprägt ist. Ihre »Nebelschleier« verleihen dem Garten ein ungeheuer romantisches, melancholisches Flair. Diese diffuse Wirkung wird von filigranen oder stark zerteilten Blattstrukturen noch verstärkt. Die winzigen Blättchen des Schleierkrauts etwa oder die stark geschlitzten Blätter mancher Edelrauten lassen die Pflanzen aus der Ferne wie unstrukturierte, aufgeplusterte Wolken wirken. Dieser Effekt sowie die Tatsache, dass Grau wie Blau optische Distanz vermittelt und vor dem Betrachter zu fliehen scheint, gibt den Beeten insbesondere im Dämmerlicht etwas Ätherisches, ja fast Mystisches. Aus der Entfernung betrachtet scheinen sie gleichsam zu »schweben«.

Die schönsten grau- und silberlaubigen Pflanzen

- Wermut *(Artemisia absinthium)* z.B. 'Lambrook Silver'
- Edelraute *(Artemisia arborescens)* z.B. 'Powis Castle'
- Filziges Hornkraut *(Cerastium tomentosum)*
- Edeldistel *(Eryngium alpinum)*
- Blauschwingel *(Festuca cinerea)*
- Steppen-Schleierkraut *(Gypsophila paniculata)*
- Currykraut *(Helichrysum italicum)*
- Lavendel *(Lavandula angustifolia)*
- Lichtnelke *(Lychnis coronaria)*
- Katzenminze *(Nepeta × faassenii)*
- Silberstrauch *(Perovskia abrotanoides)*
- Weinraute *(Ruta graveolens)*
- Salbei *(Salvia officinalis)* 'Berggarten'
- Heiligenkraut *(Santolina chamaecyparissus)*
- Fetthenne *(Sedum telephium)*
- Wollziest *(Stachys byzantina)*
- Königskerze *(Verbascum bombyciferum)*
- Silberblatt *(Senecio cineraria)*
- Federmohn *(Macleaya cordata)*.

Den Wollziest (oben) zieren seine flauschig behaarten Blätter, die Edelraute 'Silver Queen' (unten) schmückt sich mit filigranem Laub.

Augen zu und still genießen: Das sprichwörtliche Parfum der Rose wirkt harmonisierend und ausgleichend auf Geist und Seele.

Unsichtbare Botschaften spüren

Solange es noch hell genug ist im Garten, um zu sehen, wird das Flair meist von den optischen Eindrücken geprägt. Zumindest sind wir davon überzeugt. Zu sehr nämlich dominiert das Auge unsere bewusste Wahrnehmung. Tatsächlich registrieren wir Formen, Farben und Lichtqualitäten und die Bilder, die wir sehen, fördern durchaus bestimmte Stimmungen und Gemütslagen, wie auf den Seiten zuvor beschrieben. Doch häufig ganz unbewusst sind wir im Garten noch anderen Stimmungsmachern ausgesetzt, die unsere Gefühle viel direkter beeinflussen. Es sind die Düfte, die den unmittelbarsten Zugang zu unseren Emotionen haben. Sie werden in einem entwicklungsgeschichtlich uralten Teil des Gehirns verarbeitet, in dem auch das Zentrum unserer Gefühlssteuerung sitzt. Düfte beeinflussen sogar das vegetative Nervensystem und damit Körperfunktionen, die sich dem bewussten Willen entziehen.

Man weiß heute, dass bestimmte Aromen anregen, andere fördern die Konzentration und wieder andere beruhigen. Die Aromatherapie setzt diese Wirkungen gezielt zur Heilung bestimmter Beschwerden ein. Warum nicht im Garten sein eigenes Wellnessprogramm damit gestalten?

Einen Duftcocktail mixen

Die meisten natürlichen Duftstoffe stammen aus dem Pflanzenreich. Blüten, Blätter, manchmal auch Früchte oder Rinde enthalten die Aromastoffe. Kein synthetisch hergestelltes Parfum kann es mit der Unmittelbarkeit frischer Pflanzendüfte aufnehmen. Als Gartenbesitzer können Sie somit aus dem Vollen schöpfen.

Wer noch im warmen Nachmittagssonnenlicht in den Feierabend starten kann, der hat die größte Auswahl. Denn die meisten Pflanzenaromen brauchen viel Sonne und Wärme, um sich zu entwickeln. So ist der Duft von Rosen in trüben, kühlen Stunden oft kaum wahrnehmbar, in warmen, sonnigen kann er überwältigend sein. Pralle Mittagshitze ist jedoch auch nicht ideal. Zu schnell verflüchtigen sich dann die ätherischen Öle, die Träger der Duftstoffe. Der Spätnachmittag oder frühe Abend bietet also gute Voraussetzungen für duftintensive Erlebnisse. Nutzen Sie die Gunst der Stunde und die große Auswahl an Duftnoten. Ist die Sonne erst untergegangen, parfümieren nur noch wenige Spezialisten die Dunkelheit (S. 90/91). Komponieren Sie sich jetzt Ihren Lieblingsduftcocktail und lassen Sie sich davon beflügeln und inspirieren!

DER DUFTSINN

Rund 10 000 Gerüche kann der Mensch unterscheiden, aber kaum beschreiben. Denn unser ältester Sinn umgeht den Verstand.
Rezeptoren in der Riechschleimhaut der Nase registrieren Düfte und leiten Signale direkt ins Stammhirn. Dort werden sie unzensiert mit Assoziationen, Erinnerungen und Gefühlen verknüpft.

Flüchtig, aber unnachahmlich: Mit frischen Blüten und Kräutern kann kein synthetisch hergestelltes Parfum konkurrieren.

Königslilien parfümieren den Sommer mit betäubendem Duft. Sie lassen sich auch hervorragend in Töpfen kultivieren.

Duftnoten unterstützen die Feierabend-Stimmung

Mit einer gezielten Pflanzenauswahl kann man ganz bewusst die gute Feierabendlaune unterstützen. Wer sich nicht entscheiden kann, ob er eher ein entspannend besänftigendes Aroma bevorzugt, bei dem es sich gut abschalten und relaxen lässt, oder doch lieber heiter spritzige Noten, die nach einem Arbeitstag die Lebensgeister noch einmal wecken, der stellt sich am besten verschiedene Duftakkorde zusammen. Glücklicherweise gedeihen die meisten Duftpflanzen hervorragend in Töpfen und Kübeln. Das erleichtert einen raschen Wechsel der Arrangements und erlaubt immer neue Kombinationen. Holen Sie sich an den Sitzplatz, die Terrasse oder den Liegestuhl einfach jeden Tag das Parfum, nach dem Ihnen der Sinn gerade steht.

Schwer und intensiv

Unter den Blütenduftern gibt es Arten, die ihr Odeur verschwenderisch und freizügig im Umkreis von Metern verströmen. Oft ist ihr Parfum besonders schwer und süß. Manche empfinden es geradezu als narkotisch. Die im Frühjahr blühenden Hyazinthen gehören dazu, vor allem aber Sommerblüher wie beispielsweise Madonnen- und Königslilien sowie die einjährigen Levkojen. Aber auch klassische Kübelpflanzen wie Engelstrompe-

Sie verströmen ihren schweren und süßen Duft verschwenderisch meterweit in der Umgebung: die riesigen Engelstrompeten.

ten betören mit verschwenderischem Duft. Sie können einen Sitzplatz in verführerische Duftschleier hüllen und lauen Sommerabenden einen Hauch Exotik verleihen. Wozu noch in die Ferne reisen? Orientalische Nächte lassen sich auch zu Hause inszenieren. Zumal unter diesen Duftschwergewichten auch viele Nachtparfumeure zu finden sind (siehe S. 90/91).
Gibt man einem Sitzplatz obendrein noch Rückendeckung mit wohlriechenden Gehölzen wie Bauernjasmin oder dem beliebten kletternden Geißblatt, ist das sinnliche Flair perfekt.

Blumig heiter

An einer Rose kann kaum jemand vorbeigehen ohne mit der Nase daran zu schnuppern. Sie steht geradezu sprichwörtlich für Duft - und dies, obwohl viele moderne Sorten gar nicht mehr riechen. Doch die Züchter arbeiten an der Wiederbelebung dieser Eigenschaft. Das Parfum der Rosen wirkt harmonisierend und ausgleichend. Es vermittelt etwas von der Heiterkeit und der Verheißung des Sommers und ist weniger schwer als die oben beschriebenen Noten, zugleich aber charakteristisch und unverwechselbar.
Das Odeur der Damaszenerrosen wird seit Jahrtausenden von Dichtern besungen und kennt keinen Vergleich. Auch viele andere Blumendüfte wie Maiglöckchen, Reseden oder Lavendel verkörpern ganz typische, spezifische Noten und stehen deshalb auch häufig für Duftbeschreibungen Pate.
Eine echte Bereicherung für den Duftgarten sind auch Phlox und Nelken mit ihren blumigen Parfumvariationen und ihrer riesigen Sortenvielfalt. Sie machen ausgepflanzt in der Rabatte eine ebenso gute Figur wie in Töpfe und Kästen gepackt auf Terrasse oder Balkon.

Mit charakteristischen Blumendüften locken Phloxe (oben die Sorte 'Landhochzeit') und auch etliche Pfingstrosen, hier 'Sarah Bermhardt'.

Aromasinfo

Würzig aromatisch

Wer es eher herb würzig liebt, findet unter den Kräutern unzählige kräftig balsamische Aromen. Viele kennt man, wie Oregano, Thymian, oder Bohnenkraut aus der Küche, andere wie Melisse, Pfefferminze und Salbei aus der Heilkunde. Sie alle halten, im Gegensatz zu den Blütenduftern, ihre Aromen auch oder ausschließlich in den Blättern bereit. Erst nach Berührung setzen sie die ätherischen Öle frei. Geizen Sie also nicht mit Streicheleinheiten, Ihre Nase wird es Ihnen danken.

Viele dieser herben Aromaspender, z.B. die oben genannten Küchenkräuter, stammen aus dem Mittelmeerraum und lieben vollsonnige, heiße Plätze auf durchlässigen, kalkhaltigen Böden. Sie vertragen auch vorübergehende Trockenheit gut und finden daher im Steingarten oft einen idealen Platz. Etliche gehören zu den Halbsträuchern, das heißt, die Basis der Pflanzen verholzt mit der Zeit.

Dennoch eignen sich fast alle Kräuter für die Kübelkultur. Für manche ist sie sogar vorzuziehen, sei es, weil sie für unsere Winter zu frostempfindlich sind, wie etwa der Rosmarin, sei es, weil sie so einfach viel üppiger wachsen, wie etwa das Basilikum. In jedem Fall wecken ihre Aromen herrliche Urlaubserinnerungen an Macchia und Meer und bringen ein Stück mediterranes »Dolce Vita« nach Hause.

Spritzig leicht

Nach einem heißen Tag sehnt man sich am Abend aber oft nur noch nach Erfrischung. Erstmal duschen und sich dann mit einem kühlen Getränk in den Garten setzen.

Den Chill-out unterstützen spritzig frische Zitrus- oder Minzedüfte perfekt. Von vielen Kräuterarten gibt es Zitrusvarianten, aber auch im Duftpelagonien-Sortiment wird man fündig. Die heiteren, lebenslustigen Gute-Laune-Botschaften inspirieren sanft und erinnern an die Leichtigkeit des Seins.

Bei aller Luftigkeit fördern sie die Konzentrationsfähigkeit, beleben den Geist und aktivieren die Kreativität.

Nutzen Sie also den Dunstkreis von Zitrusduftern und Minzen, um Ihren Gedanken nachzuhängen und Ideen sprudeln zu lassen.

nie

DUFT- UND AROMAVARIATIONEN*

Schwer-süße Düfte

Kübelpflanzen
- Orangenblume
Choisya ternata

- Engelstrompete
Datura suaveolens

Zwiebelpflanzen
- Hyazinthe
Hyacinthus-Orientalis-Hybriden

- Königs-Lilie
Lilium regale

- Madonnen-Lilie
Lilium candidum

Ein- und Zweijährige
- Goldlack
Cheiranthus cheiri

- Vanilleblume
Heliotropium arborescens

- Levkoje
Matthiola incana

- Duftsteinrich
Lobularia maritima

Gehölze
- Wald-Geißbart
Lonicera periclymenum

- Bauernjasmin
Philadelphus coronarius

- Duftschneeball
Viburnum carlesii

Blumige Düfte

Stauden
- Pfingstrosen
Paeonia-Hybriden
z.B.: 'Sarah Bernhardt', 'Big Ben', 'Carol', 'Gardenia', 'Murillo', 'Sitka'

- Phlox
Phlox paniculata

- Pfingst-Nelken
Dianthus gratianopolitanus

- Lavendel
Lavandula angustifolia

- Duft-Veilchen
Viola odorata

Einjährige
- Duft-Resede
Reseda odorata

Zwiebelpflanzen
- Maiglöckchen
Convallaria majalis

Rosen
Rosa
z.B.: 'Jacques Cartier', 'Gertrude Jekyll', 'Westerland', 'Mme Hardy'

Gehölze
- Flieder
Syringa vulgaris

- Seidelbast
Daphne mezereum

Würzig-herbe Düfte

Kräuter
- Currykraut
Helichrysum italicum

- Oregano
Origanum vulgare

- Heiligenkraut
Santolina chamaecyparissus

- Berg-Bohnenkraut
Satureija montana

- Thymian
Thymus vulgaris

Einjährige
- Basilikum
Ocimum basilicum

Zitronige Düfte

- Lemon-Ysop
Agastache mexicana

- Zitronen-Melisse
Melissa officinalis

- Zitronen-Minze
Mentha gentilis var. citrata

- Duftpelargonie
Pelargonium
z.B.: 'Marbel Grey', 'Betty Hülsmann', 'Lemon Rose'

- Zitronen-Thymian
Thymus citriodorus

*) Weitere Arten siehe Grafik S. 55

Tief einatmen und schwelgen

Lehnen Sie sich im Liegestuhl zurück und überlassen Sie sich doch einfach mal dem Rhythmus Ihres Atems. Umgeben von Duftpflanzen gerät der Feierabend auf der heimischen Terrasse dabei zum besten Entspannungs- und Meditationskurs. Mit jedem Atemzug strömen dann wohltuende Aromabotschaften in die Nase und streicheln die Seele.

Ob Sie die Augen dabei schließen, bleibt Ihnen überlassen. Das sinnliche Dufterlebnis lässt sich so zwar noch zusätzlich intensivieren, doch leider entgehen einem dann die optischen Reize, die viele Duftpflanzen über ihr Odeur hinaus zu bieten haben.

Gut, dass so viele Kräuter und Duftpflanzen dankbar in Töpfen und Kübeln gedeihen. Schließlich lassen sich Düfte nur genießen, wenn man sie in Nasennähe rückt, und der wichtigste Sitzplatz für den Abend ist in den meisten Gärten eben die Terrasse, die ohnehin sehr gern als Plattform für Kübelpflanzen genutzt wird.

platz

In dieser lauschigen Terrassenecke lässt sich's von morgens bis Mitternacht auf Duftwolke sieben schweben. Die vielerlei Duftnoten kann man mit etwas Töpferücken immer neu arrangieren – blumige Blütendüfte, zurückhaltende Kräuteraromen, die erst nach Berührung frei werden und süße Noten. Nach Sonnenuntergang hüllen dann die schweren Schwaden der Nachtdufter den Sitzplatz ein.

Pflanzenliste

1. Zitronenbäumchen *(Citrus limon)*, Duft zitronig, weiße Blüten und gelbe Früchte
2. Ziertabak *(Nicotiana alata)*, Nachtduft süß-schwer, Blüten in Weiß, Gelb, Rosa
3. Engelstrompete (*Datura suaveolens)*, Nachtduft süß-schwer, Blüte weiß, gelb, rosa
4. Zitronenverbene *(Aloysia triphylla)*, Blätter mit Zitrusaroma, Blüte weißlich
5. Strauchrose *(Rosa)* 'Jacques Cartier', starker Rosenduft, Blüte kräftig rosa
6. Phlox *(Phlox*-Paniculata-Hybride) 'Rosa Pastell', Duft blumig, Blüte zartrosa
7. Nachtjasmin *(Cestrum nocturnum)*, Nachtduft süß-schwer, Blüte blassgrün
8. Duftpelargonie *(Pelargonium*-Hybride) 'Attar of Roses', Blätter mit Rosenduft
9. Vanilleblume *(Heliotropium arborescens)*, Duft süß-vanillig, Blüte violett
10. Nachtphlox *(Zaluzianskya capensis)*, Nachtduft schwer-vanillig, Blüte weiß
11. Salbei *(Salvia officinalis)* 'Tricolor', Duft herb-würzig, dreifarbige Blätter
12. Lavendel *(Lavandula angustifolia)*, Blütenduft blumig, Laub aromatisch
13. Wunderblume *(Mirabilis jalapa)*, Nachtduft süß, Blüte pink-weiß/pink-gelb
14. Duftpelargonie *(Pelargonium crispum)* 'Variegata', Blätter mit Zitrusduft
15. Rosmarin *(Rosmarinus officinalis)*, Duft herb-würzig, Blüte lilablau

Körper und Seele wärmen und es sich gemütlich machen

Mit einbrechender Dämmerung wird es nicht nur schummriger im Garten, sondern langsam auch kühler. Die Wärme der Sonne entfällt. Dunst und Feuchtigkeit nehmen zu und schwängern die Luft. Während hochsommerlicher Hitzeperioden, wie sie in den vergangenen Jahren wiederholt auftraten, empfindet man diese Stunden als sehr wohltuend und freut sich auf das erlösende Nachlassen der Glut. Doch währt eine solche Phase in der Regel nur kurz. An den meisten Sommerabenden beschleicht einen mit einbrechender Dunkelheit doch schnell ein leichtes Frösteln. Wohl dem, der sich jetzt in den Schutz einer von der Sonne aufgeheizten Wand zurückziehen kann, die Geborgenheit bietet. Auch unter dem Dach von Lauben oder berankten Pergolen fühlt man sich jetzt wohl. Schließlich gewähren dichte Vorhänge aus Kletterpflanzen nicht nur optische Reize, sondern auch Windschutz und einen gewissen Temperaturpuffer.

Dennoch holt man sich gerne einen Pullover, eine Kuscheldecke oder ein wärmendes Kissen, während man die abendliche Stimmung im Freien genießt. Ein bisschen einkuscheln und einigeln macht die Sache einfach gemütlicher. Und selbst wenn es warm genug ist, jagt manchem vielleicht allein die zunehmende Düsternis den ein oder anderen Schauer über den Rücken. Dann hält man die Finsternis gern mit stimmungsvollen und zugleich dekorativen Kerzen, Fackeln oder Windlichtern auf Distanz. Ihre flackernden Flammen zaubern eine herrlich romantische Atmosphäre und erwärmen von innen her das Herz.

Mit Feuer und Flamme Romantikstimmung erzeugen

Schreitet der Abend und das Absinken der Temperaturen weiter fort, tut dem Körper aber auch eine rein physische Erwärmung gut. Nichts ist wirkungsvoller und sorgt zugleich für so viel Flair wie offene Feuerstellen. Leider hat nicht jeder die Möglichkeiten dazu. Doch der Fachhhandel bietet inzwischen eine Fülle von Alternativen an, die jeden Sitzplatz und sogar die Terrasse erwärmen. Offene Kamine, Öfen, Feuerkörbe und Feuerschalen gibt es in großer Auswahl und vielen Stilvarianten. Den letzten Schliff erhält der atmosphärische Zauber der nächtlichen Szenerie schließlich mit hübschen Dekogegenständen wie Lampions, Lichterketten & Co. Der einzige »Wermutstropfen«, der die kuschelige Abendstimmung jetzt noch stören könnte, sind allzu zudringliche Insekten. Doch auch hier gibt es Abwehrmaßnahmen.

heln

Eine westexponierte Steinmauer »beheizt« Sitzplätze noch bis in den Abend hinein. Das verlängert die Gartensaison erheblich.

Wände geben Geborgenheit

Das abendliche Wohlfühlklima bestimmen mehrere Faktoren. Natürlich muss in erster Linie das Wetter passen, um einen Abend im Freien so richtig genießen zu können. Aber abgesehen von den Außentemperaturen hängt die Gemütlichkeit ganz entscheidend von einem subjektiven Gefühl der Geborgenheit und des Aufgehobenseins ab. Sichtschutz gegenüber neugierigen Blicken spielt dabei eine große Rolle. Schließlich möchte man zum Relaxen etwas Privatheit und Intimität genießen und sich unbeobachtet fühlen. Nicht umsonst empfindet der Mensch Ecken, Nischen, Höhlen oder Unterstände stets als ganz besonders heimelig und sicher. Sie gewähren Rückendeckung und Schutz, nicht nur vor Wind und Wetter, sondern eben auch vor unerwünschtem Einblick. Vertikale Elemente, die den Garten in Räume aufteilen, sind daher unerlässlich und für einen kuscheligen Sitzplatz geradezu unverzichtbar. Für die Erschließung der Senkrechten gibt es verschiedene Möglichkeiten.

Mauerwerk speichert Wärme für den Abend

Ein Glücksfall gerade für Feierabendgärtner ist es natürlich, wenn sich eine westexponierte Mauer als Hintergrund oder seitliche Begrenzung eines Sitzplatzes anbietet. Sie wird an Schönwettertagen den ganzen Nachmittag von der Sonne beschienen und entsprechend erwärmt. Gestein kann Hitze sehr effektiv speichern und gibt sie nach Sonnenuntergang wieder an die Umgebung ab. Wenn die Abendluft langsam kühler wird, profitiert man vor der Westwand von diesem »Backofeneffekt«. Er kann die Temperatur durchaus ein bis zwei Grad gegenüber offenen Gartenbereichen erhöhen. So verlängert ein geschütztes Mauerplätzchen die Freiluftsaison ganz erheblich und ist insbesondere während der Übergangszeiten im Frühjahr und Herbst unbezahlbar. Hier kann man dann schon – beziehungsweise noch – Sonnenuntergänge genie-

ßen, während andere Gartenbesitzer neidisch und fröstelnd durchs Fenster sehen.
Noch genialer ist natürlich ein Mauerwinkel, der den Platz von zwei Seiten her beheizt - allerdings nur, wenn trotz des Winkels auch nachmittags ausreichend Sonne einfällt.
Auch kleine Innenhöfe oder Hinterhöfe können sehr geschützte, heimelige »Kuschelecken« ergeben, die nicht nur empfindlichen Pflanzen das passende Kleinklima liefern, sondern auch empfindsamen Seelen das richtige Wohlfühlambiente. Schöne Accessoires und Dekoelemente runden das Flair entsprechend ab und sorgen gleichzeitig für einen ganz individuellen Touch.

Ein geschütztes Eckchen, in dem es sich an langen Sommerabenden gut plaudern lässt – Wohlfühlklima für Mensch und Pflanzen.

Blütenwänd

Die üppigen Blütenvorhänge einer Glyzine hüllen diese Terrasse in zauberhaften Duft und verleihen ihr zusätzliche Geborgenheit.

Den Wind brechen und den Wärmeabzug bremsen

Nicht jeder Garten stellt die passenden Steinmauern als Rahmen für den Sitzplatz zur Verfügung. Den Heizeffekt kann man mit anderen Materialien zwar nicht ersetzen, aber Wind- und Sichtschutz erzielt man auch mit anderen vertikalen Gestaltungselementen. Der Fachhandel bietet eine Fülle von Sichtschutzwänden an, die rasch und platzsparend installiert werden können. Sie verleihen auch kleinsten Gärten Intimität und Rückzugsmöglichkeiten. Viele Modelle fungieren gleichzeitig als Rankhilfe für Kletterpflanzen. Sie sind häufig durchbrochen

e

oder gitterartig, damit die Pflanzen gut daran Halt finden. Das lässt zwar auch dem Wind ein paar Schlupflöcher, aber wenn sie erst mal üppig bewachsen sind, nimmt das dichte Flechtwerk kühlen Brisen durchaus die Schärfe und dämpft sie deutlich. Außerdem sind berankte Wände in puncto Atmosphäre unschlagbar: Dekorative Blätter- und bunte Blütenvorhänge, die womöglich auch noch duften, verwandeln die Gartenfläche in blühende Räume und erschließen die dritte Dimension. Bietet man Geißblatt, Rosen, Knöterich & Co. (siehe S. 64/65) Pergolen, Lauben oder Pavillons als Rankhilfen, weben sie sogar lebende Dächer über Sitzplätze.

Ein dekorativer Weidenflechtzaun fungiert hier als Wind- und Sichtschutz und bietet zugleich Kletterpflanzen ausreichend Halt.

Schöne Dec

Gemütlich einigeln!

Wie dicht das Blätterdach ausfällt, hängt vor allem von der zu berankenden Fläche und von der Wüchsigkeit der Pflanze ab. Die ungestüme Vitalität von Knöterich oder Pfeifenwinde etwa lässt auch in größeren Lauben kaum noch Durchblick auf den Himmel zu. Kletterrosen dagegen bleiben in aller Regel transparenter und setzen vor allem durch Ihre Blüten Akzente. Bezaubernde Klettermaxe sind Clematis-Arten und Sorten. Sie bieten für alle Gegebenheiten das Passende. Die Berg-Waldrebe *(Clematis montana)* berankt auch ausladende Pergolen. Großblumige Hybriden ziehen eher lichte Girlanden.

Möchte man wirklich vor Wind und Wetter geschützt sein und auch bei einem Gewitterschauer trocken sitzen, kommt man um ein festes Dach über dem Kopf nicht herum. Überbaute Terrassen oder ein ziegelgedeckter Pavillon erlauben die wetterunabhängige Nutzung. Unter ihrem schützenden Dach kann man selbst verregneten Abenden Charme abgewinnen, hält die

Dieses Kuschelkörbchen lockt nicht nur menschliche »Besitzer«. Seeklimaerprobte Strandkörbe trotzen Wind und Wetter.

kung

Wärme des Tages hält sich darunter länger fest, sie kann nicht so leicht nach oben abziehen. Ein Umstand, der die Temperaturen länger im angenehmen Bereich hält.
Wer den Aufwand für größere bauliche Maßnahmen scheut, kann auch schon mit kleinen Lösungen wärmefesselnde Effekte erzielen. Wie wär´s beispielsweise mit einem Nordsee-erprobten Strandkorb? Hier kann man sich auch an trüben Tagen, mit Wolldecke, Kissen und Tee, so richtig gemütlich einigeln. Es gibt sie in vielen Ausführungen, nicht nur was Kissen, Bezüge und Geflecht betrifft.
Die Ruheinseln können Raum für ein, zwei oder mehr Personen bieten, ganz nach Ihren Bedürfnissen.

Nicht zu unterschätzen ist der Kuscheleffekt von leichten Stoffpavillons. Auch wenn sie luftig und durchlässig anmuten – ihre Dächer schützen vor Regen und Wärmeabzug und die Seitenwände können, je nach Wetter- und Stimmungslage, geöffnet bleiben oder ungünstige Witterung und fremde Blicke ausschließen.

Leicht und transparent wirken Stoffpavillons. Dennoch bremsen sie den Wärmeabzug und spenden etwas Geborgenheit.

Klet

Sie weben Vorhänge in Grün und Bunt

Die smarten Senkrechtstarter im Garten setzen fremdem Einblick dekorative Grenzen und das, ohne viel Standfläche zu beanspruchen - ideal für kleine Gärten! Mit ihren langen Trieben erobern sie Rankgerüste aller Art und hüllen Sitzplätze in einen schützenden Mantel. Dazu bricht ihr Blätterkleid den Wind und wirkt am Abend wärmepuffernd. Das üppige Blattgrün und die attraktiven Blüten sorgen für einen Hauch exotischer Urwaldatmosphäre.

Wer ließe sich so viel Schönheit nicht gerne über den Kopf wachsen? Abgesehen von wenigen Selbstklimmern wie Efeu oder Wildem Wein brauchen sie jedoch alle Aufstiegshilfen, an denen sie sich selbst nach oben schlingen (z.B. Glyzine) oder ranken (z.B. Clematis) oder aber aufgebunden werden müssen (z.B. Kletterrosen). Klettergehölze werden alt und können im Lauf der Jahre große Flächen begrünen. Daher werden sie entsprechend schwer. Ihre Rankhilfen sollten daher aus stabilem Material sein.

terer

▼ **Pfeifenwinde** *(Aristolochia macrophylla):* Der ultimative Tipp für schattige Plätze! Der wüchsige Schlinger legt seine riesigen, bis zu 30 cm großen, herzförmigen Blätter wie Dachziegel übereinander und sorgt so für Urwaldflair und absolut blickdichte Privatsphäre. Er steigt bis zu 10 m hoch auf und bedeckt mühelos bis zu 6 m Breite.

◄ **Glyzine** *(Wisteria sinensis):* Zauberhafte, bis 30 cm lange Blütentrauben »regnen« im Mai/Juni aus dem bizarren Geäst. Die vitale Schlingpflanze klettert bis zu 15 m hoch und ist ein hervorragender Raumbildner. Die meist blauen, bei der Sorte ‘Alba’ weißen, Blüten erscheinen vor den Blättern und verströmen einen zarten Duft.

▲ **Wald-Geißblatt** *(Lonicera periclymenum):* Die gelborangefarbenen Blüten des Schlingstrauches duften besonders in den Abendstunden süß und intensiv. Sie erscheinen im Mai/Juni. Das gut belaubte Klettergehölz bevorzugt sonnige bis halbschattige Standorte und erobert mühelos bis zu 6 m Höhe. Trockenheit und Hitze bekommen ihm allerdings nicht sehr gut.

▲ **Wein** *(Vitis vinifera):* Die uralte Kulturpflanze braucht ein geschütztes Kleinklima. Sie gedeiht am besten vor sonnigen, warmen Südwest- oder Südostwänden und begrünt rund 3 qm Fläche.

▼ **Berg-Waldrebe** *(Clematis montana):* Der wuchskräftige Ranker wird bis zu 8 m hoch und ist im Mai mit unzähligen hübschen, kleinen weißen Blüten übersät.

Offene Flammen verbreiten mit ihrem Flackern ein wunderbar warmes und sanftes Licht, das die Magie der Nacht nicht stört.

Kerzenschein schafft Atmosphäre

Wenn es langsam dunkel wird im Garten, gehört zu einer gemütlichen Kuschelatmosphäre, in der sich nicht nur der Körper, sondern auch die Seele wohl fühlt, unbedingt eine richtig stimmungsvolle Beleuchtung. Ein paar Kerzen oder Windlichter zaubern im Nu eine unnachahmlich romantische Atmosphäre. Ihr warmes flackerndes Licht setzt Glanzpunkte in die Dunkelheit, ohne den Sitzplatz wirklich auszuleuchten, und lässt dem Abend so seine geheimnisvolle Magie.
Die Einsatzmöglichkeiten sind vielfältig. Auf der Terrasse bieten Tisch und Fensterbretter Plattformen für Kerzenhalter und Windlichter aller Art. Letztere gibt es inzwischen in unzähligen Farben und Formen. Kleine, mit einfachen Teelichtern bestückte Gläschen markieren, auf den Boden gestellt, dekorativ und wirkungsvoll Terrassenränder oder Stufen. Wassergefüllte Schalen mit Schwimmkerzen sind ebenfalls ein toller Blickfang: Schafft man es, die Lichter über die Oberfläche zu pusten, ohne gleichzeitig die Flammen zu löschen? Wer einen Teich hat, kann das Spiel im großen Stil fortsetzen. Übrigens müssen es nicht unbedingt teure Schwimmkerzen sein. Normale Teelichter in Alufassung sind, sofern man sie vorsichtig ins Wasser setzt, durchaus schwimmfähig. Schmücken Sie die Teichoberfläche mit ein paar Handvoll dieser kleinen Flämmchen, und sie scheint den Sternenhimmel widerzuspiegeln.
Auch langstielige Fackeln, die man einfach in die Erde steckt, sorgen mit ihren offenen, flackernden Flammen für nostalgisches Licht. Haben so nicht schon römische Patrizier ihre Gärten illuminiert? Allerdings dürfen sie nicht zu nahe an Beeten oder Gehölzen stehen – wie leicht fängt ein trockener Grashalm oder ein dürrer Zweig bei einem Windstoß Feuer!
Eine echte Bereicherung sind in diesem Zusammenhang daher Windlichter auf Erdspießen. Nicht umsonst haben sie in den vergangenen Jahren den Siegeszug durch die Hobbygärten angetreten. Gläser hüllen die Teelichter ein und schützen sie vor Windstößen. So können sie auf ihren langen Stielen direkt in die Beete gesteckt werden, wo sie die gelungensten Pflanzenkombinationen betonen und in Szene setzen. Es gibt auch Modelle mit farbigen Gläsern, was zusätzliche Gestaltungseffekte erlaubt.
Beliebt sind auch Öl- und Petroleumlampen. Diese uralte Beleuchtungsmethode überzeugt vor allem durch die lange Brenndauer. Verschiedene Hersteller bieten sie mit entsprechender Halterung auch als Wandleuchten an, die etwas vom Zauber alter Burgen und Schlösser wiederaufleben lassen.

Als Stimmungsmacher sind Kerzen Wind- und Teelichter einfach unschlagbar. Auch schwimmend im Wasser machen sie eine gute Figur.

Wenn die Sonne vollends untergegangen ist, rückt die Laterne den Teich ins rechte Licht und sorgt für eine malerische Atmosphäre.

Laternen setzen Highlights

Ebenfalls immer wieder neu erfunden werden Laternen aller Art. Kaum eine Kultur und kaum ein Zeitalter, das auf diese praktischen Leuchten verzichtet hätten. Sie sind stets mobil und flexibel einsetzbar. Wo immer gerade Licht benötigt wird, stellt man einfach eines dieser transportablen und traditionsreichen Schmuckstücke auf.
Natürlich lassen sich Laternen auch fest installieren. Das ist vor allem dann sinnvoll, wenn man sie mit elektrischem Licht betreibt. Allerdings geht dann viel von ihrer romantischen Wirkung verloren.
Als Stimmungsmacher sind Kerzen als Lichtquelle eben einfach doch unschlagbar. Höhere Exemplare können auch mit entsprechend hohen und dicken Kerzen bestückt werden, was die Brenndauer noch erheblich verlängert. Solche stattlichen Laternen können durchaus Nachtwächter am Eingang oder auf der Terrasse spielen.
Standfest sind alle Ausführungen. Die meisten haben darüber hinaus einen Handgriff oder Haken zum Tragen und Aufhängen. So ergeben sie in Pergola, Laube oder Pavillon eine lauschige »Deckenleuchte«, die ihre Lieblingskuschelecke in neuem, heimeligen Licht erstrahlen lässt. Auch in den Durchgang eines Rosenbogens gehängt, setzt eine kleine Laterne zauberhafte Lichtakzente.

Bodenständig trifft exotisch

Die Vielfalt der im Fachhandel angebotenen Ausführungen lässt keine Wünsche offen. Für jeden Geschmack und jeden Gartenstil findet man die passende Laterne, ob hochmodern oder nostalgisch, schlicht oder elegant, bodenständig oder exotisch.
Ähnlich breit gefächert sind natürlich auch die Preise, die man für den schönen Schein bezahlen muss. Sie hängen ganz wesentlich vom verwendeten Material ab. Metall ist frostfest und, sofern es verzinkt und beschichtet ist, auch weitgehend witterungsbeständig. Das macht die Laternen ganzjährig einsatzfähig. So kann man auch mal die winterliche Terrasse ins rechte Licht rücken und ihren Anblick durchs Fenster genießen. Metallgehäuse können je nach Linienführung und Ausgestaltung rustikal und verschnörkelt oder schlicht und elegant wirken. Sind

Tragbare Laternen gibt es in vielen Ausführungen und Stilrichtungen, von ornamental über antik bis orientalisch-fernöstlich.

die Seitenwände mit Ornamenten und Mustern verziert, ergibt sich ein abwechslungsreiches Spiel von Licht und Schatten, das interessante Silhouetten auf Haus- und Terrassenwände projiziert.

Ganz im Trend der letzten Jahre liegen Laternen im Marokko-Stil. Formen und Verzierungen wie aus Tausend-und-einer-Nacht erinnern an Aladin und seine Wunderlampe und verleihen eine märchenhafte Ausstrahlung. Etwas Rostpatina oder bunte Scheiben ergänzen den orientalischen Touch. Kombiniert man sie am Sitzplatz stilecht mit paillettengeschmückten Kissen und entsprechend gemusterten Tischdecken, ist die Wirkung perfekt.

Im Gegensatz zur orientalischen Üppigkeit stehen fernöstliche Gärten. Insbesondere der japanische Gartenstil findet auch hierzulande immer mehr Anhänger. Er ist geprägt von der Schlichtheit der Formen. Pflanzen, Wasser und Steine bilden zusammen eine Oase, die Ruhe, Entspannung und Kontemplation ermöglichen soll. Folgerichtig sind Japanische Laternen aus Stein, meist aus Granit – was natürlich seinen Preis hat, dafür aber Langlebigkeit und Wetterfestigkeit garantiert. Auch sie werden mit Teelichtern oder Kerzen bestückt und spielen in der asiatischen Gartenphilosophie eine wichtige Rolle. Sie haben ihren festen Platz am Wasser oder am Wegrand, können aber auch einen bizarr geformten Baum oder einen üppigen Grashorst beleuchten. Stilecht passt der strahlende Wächter auch in ein kleines Bett aus gerechtem Kies oder neben einen Findling.

Offenes Fe

Kühlen Abenden einheizen

Gemütliches Kerzenlicht erwärmt zwar Herz und Seele, aber wenn der Abend voranschreitet und es immer kühler wird, freut man sich im Freien nicht nur über eine Licht-, sondern auch über eine echte Wärmequelle.
Wer jemals als Pfadfinder oder Outdoorsportler den Charme eines offenen Lagerfeuers erlebt hat, für den gibt es an sich ohnehin keine Alternative: Das Knistern und Knacken des Holzes, das Flackern der Flammen, der harzige Duft und die Intensität der Wärmeabstrahlung heizen Körper und Stimmung wohlig ein – und als Dreingabe der Sternenhimmel über dem Kopf, der zum Träumen einlädt...
Vor allem aber ist jedes Feuer ein wunderbarer gesellschaftlicher Mittelpunkt, um den man sich gerne versammelt, um in lockerer Runde zu plaudern und Gedanken auszutauschen, wie es unsere Vorfahren wohl seit Jahrtausenden getan haben.
Auch Kinder sind für diese archaische Romantik sehr empfänglich. Und schon die Vorbereitungen machen eine Menge Spaß: Holz sammeln, ein Steinbett aufschichten und geeignete Sitzgelegenheiten aufstellen. Da kommt bei Groß und Klein ganz bestimmt keine Langeweile auf.
Wichtig ist bei offenen Feuerstellen natürlich ein geeigneter, freier Platz im Garten. Funkenflug ist bei jedem Wetter einzukalkulieren, deshalb sollten brennbare Materialien ausreichend Abstand haben. Auch der Wärmeabzug nach oben muss freie Bahn haben. Die Hitzeentwicklung über einem offenen

Offenes Feuer heizt dem Körper und der Stimmung ein. Eine Steinfassung verleiht Feuerstellen im Garten mehr Sicherheit.

uer

Feuer darf auf keinen Fall unterschätzt werden. Plätze unter Baumkronen, und seien sie noch so hoch, verbieten sich daher von selbst.
Es empfiehlt sich auch immer, die Feuerstelle mit Steinen einzufassen, um einer unkontrollierten Ausbreitung der Flammen von vornherein vorzubeugen.

Feuerkörbe und -schalen zaubern Lagerfeuerromantik

Wer keinen »Brandfleck« im Rasen haben möchte oder die Wärmequelle näher an die Terrasse heranrücken will, für den sind Feuerkörbe oder Feuerschalen eine tolle Alternative. Sie sind mobil und können ihren Einsatzort ganz nach Ihren Wünschen wechseln. Dabei schonen sie den Untergrund und verbreiten dennoch die angenehme Wärme und den Zauber offenen Feuers. Genau wie ein Lagerfeuer werden sie schnell zum Mittelpunkt geselliger abendlicher Runden. Hier trifft man sich gerne und tauscht sich aus, spielt oder trinkt zusammen. Die Anziehungskraft des offenen Feuers ist geradezu magisch. In vielen Männern weckt sie den Abenteurer, in vielen Kindern den »Pyromanen«. Beobachten Sie mal, wie gerne sie mit Stöcken oder Haken in den glühenden Scheiten herumstochern und versonnen in die Glut sehen.
In den Metallbecken halten sich Wärme und Glut bis tief in die Nacht. So kann man noch lange nachdem die Gäste gegangen sind das rote Wabern im Innern beobachten und seinen Gedanken nachhängen. Frösteln braucht man dabei ja nicht, und wenn doch, rückt man einfach ein Stück näher heran.

Sie sind mobil und schonen zudem den Untergrund: Feuerkörbe und -schalen verbinden Lagerfeuercharme mit hohem Gebrauchswert.

Geschützte

Kamine und Öfen wärmen das Wohnzimmer im Freien

Wiele betrachten den Betrieb eines offenen Kamins oder eines Ofens als die schönste Art, ein Haus zu beheizen. Gesunde, angenehme Strahlungswärme sorgt bekanntlich für Wohlfühlklima. Kann man dabei dann obendrein noch die Flammen durch ein Fenster beobachten, ist die Gemütlichkeit perfekt. Und was für drinnen gilt, lässt sich auch nach draußen übertragen.
Insbesondere im Terrassenbereich, wo der Umgang mit offenen Flammen oft zu gefährlich ist, weil Tischdecken oder Stuhlkissen schnell Feuer fangen könnten oder Hauswände von Ruß geschwärzt werden, haben geschlossenere Feuerstellen ihre Vorteile. Manche Terrassen haben gemauerte offene Kamine. Aber nicht jeder Architekt denkt an solch angenehme Details.

Auf dem Markt gibt es inzwischen auch transportable offene Kamine, die sowohl im Zimmer als auch im Freien betrieben werden können. Man kann sie sogar auf Holzdecks aufstellen oder direkt an eine Wand rücken.
Diese optisch durchaus attraktiven Öfen werden nicht mit Holz beheizt, sondern mit Flüssigalkohol oder anderen Brennmitteln und entwickeln daher weder Rauch noch Funkenflug. Das macht einen Schornstein überflüssig und die Bedienung sauber und schmutzfrei. Dennoch züngeln und lodern offene Flammen und verbreiten natürliche Wärme und Behaglichkeit. So kann man auch die Vor- und Nachsaison noch wunderbar draußen genießen.

Diese elegante Feuerschale aus Edelstahl hält die lodernden Flammen im Zaum. Offene Kamine ummanteln das Feuer noch mehr.

Wärme

Heizungs- und Grillfunktion praktisch kombinieren

Zwei Fliegen mit einer Klappe kann man mit den so genannten Aztekenöfen schlagen, die in jüngster Zeit die Gärten erobern. Diese schmucken, tropfenförmigen Feueröfen aus Südamerika sind in der Regel aus gut wärmespeicherndem Material wie Terracotta oder Gusseisen. Den dicken Bauch kann man bis zur Unterkante ergänzend mit faustgroßen Steinen auslegen. Das wirkt als zusätzlicher Wärmespeicher und schützt zugleich das Terracottamaterial vor zu raschem Erhitzen.
Auf dieses Bett schichtet man das trockene Feuerholz, dem man durch ein »Schaufenster« beim Brennen und Flackern zuschauen kann. Es ist nahezu rundum vor Wind geschützt. Funken können kaum austreten. Dafür hält sich die Glut sehr lange und der aufgeheizte Ofen gibt bis tief in die Nacht sehr gleichmäßig seine wohltuende Wärme an die Umgebung ab.
Oberhalb des Bauches sitzt ein sich verjüngender »Kamin« auf. Er sorgt für einen guten Zug und damit für das rasche Durchglühen des Brennmaterials. Die Hitzeentwicklung ist so enorm, dass diese Öfen meist mehrere verschiedene Einschubmöglichkeiten für Grillroste aufweisen und sich hervorragend zum Garen verschiedener Speisen eignen. Das spart einen zusätzlichen Grill und damit kostbaren Platz in kleinen Gärten. Diese Öfen sind eine dekorative und praktische Bereicherung für den Feierabendgarten. Schließlich machen sie von kühler Witterung weitgehend unabhängig und ermöglichen auch in mäßigen Sommern den Genuss des Feierabends im Freien. Sicher setzen sie ihre steile Karriere in unseren Breiten noch weiter fort.

Azteken-Öfen sind aus wärmespeicherndem Material. Sie beheizen den Sitzplatz und können als Grill verwendet werden.

Stilvolle Deko prägt kuscheliges Flair

Zu einer behaglichen Atmosphäre auf der Terrasse oder am Sitzplatz gehört auch eine liebevolle Dekoration, die zum Niederlassen und Entspannen einlädt.
Mehr als Schmuckstücke denn als Beleuchtung fungieren bunte Lampions. Es gibt sie keineswegs nur mit Kindermotiven, sondern in zahlreichen originellen und stilvollen Varianten. Sie sind preiswert, ohne viel Aufwand aufzuhängen und verleihen dem Garten schnell ein festliches Partyflair oder einem Sitzplatz eine lauschig-intime Atmosphäre.
Für heimelige Akzente kann auch das gedämpfte Licht von Lichterketten sorgen, die man um Baumstämme wickelt oder ins Geäst von Sträuchern hängt. Sie dienen als Blickfang und können interessante Silhouetten betonen, wirken aber gleichzeitig auch als dezente, indirekte Hintergrundbeleuchtung.

Sich mit Kissen und Decken bequem einpolstern

Wie man sich bettet, so liegt man, sagt ein altes Sprichwort, und das gilt natürlich auch für den Freisitz im Garten.
Polstern Sie Körper und Seele so richtig kuschelig und gemütlich ein. Bequeme Sitzkissen, Bank- und Liegeauflagen in Ihren Lieblingsfarben sind dekorativ und nützlich zugleich. Eine weiche Kuscheldecke sorgt für Wärme. Dicke Kissen stützen jede Körperhaltung sanft ab. Und je nach Stilrichtung geben hübsche Tischdecken einem Platz mehr anheimelnde Wohnlichkeit oder festlichen Glanz.
Stimmen Sie alle Accessoires farblich und stilistisch aufeinander ab, ganz nach Ihrem persönlichen Geschmack. So verleihen Sie Ihrer Kuscheldecke persönliche Wohlfühlnote.

Beleuchtung und Accessoires sorgen für ein romantisch-festliches Ambiente beim abendlichen Tète-à-tète unter freiem Himmel.

Müc

Das Einzige, was einem einen lauschigen Sommerabend im Freien so richtig vergällen kann, sind lästige Stechmücken. Sie lieben laue Abende mindestens ebenso sehr wie wir Menschen und gehen zudem bevorzugt in der Dämmerung auf Nahrungssuche. Allein der hochtourige Propellersound der fragilen Flieger am Ohr kann einem jede Entspannung rauben.

Um die kleinen Blutsauger fernzuhalten, hat sich die Industrie eine Menge einfallen lassen - von abschreckenden Körperlotionen über Duftkerzen bis hin zu »Killerlampen«, die man an die Steckdose anschließt. Es gibt jedoch auch natürliche Mittel, um die Plage in Grenzen zu halten sowie ein paar vorbeugende Maßnahmen.

Wasser lieben Mücken besonders, und Licht in der Dunkelheit zieht eine Vielzahl von Insekten an. Wählen Sie also für die Dämmerung nicht gerade den Sitzplatz am Teich und postieren Sie helle Strahler lieber in der Umgebung der Terrasse statt direkt über dem Tisch. Ist der Leidensdruck dennoch zu hoch, hilft ein dekoratives Moskitonetz oder wohlriechender Rauch.

ken

Weihrauch

Echter Weihrauch ist auch heute noch eine Kostbarkeit. Es handelt sich um das Harz des Weihrauchbaumes (Boswellia sacra), der nur in den Trockengebieten Arabiens wächst. Seit Jahrtausenden wird Weihrauch meist im Rahmen kultischer Handlungen verräuchert. Zur Mückenabschreckung genügen die preiswerten Weihrauch-Presskegel, die es in jedem Asienladen gibt. Man stellt sie in kleine Räucherschalen oder -kegel und zündet sie an. Ihr aromatischer Rauch hält die Insekten auf Distanz. Am besten platziert man auch einen unter dem Tisch, denn Fußgelenke sind ein beliebtes Mückenanflugziel.

Räucherstäbchen

In den 1970er-Jahren schon einmal hip, erleben Räucherstäbchen derzeit eine Renaissance, die sie gesellschaftsfähig macht. Das liegt vielleicht auch daran, dass die Duftnoten vielfältiger geworden sind. Es muss folglich nicht unbedingt Patchouli oder Sandelholz sein. Räucherstäbchen sind inzwischen überall im Handel erhältlich. Ein weiterer Vorteil: Man kann sie gut in den Rasen, in Blumentöpfe oder Beetränder stecken, die den Sitzplatz umgeben, und sich so in einen »Rauchmantel« einhüllen, der die kleinen Plagegeister ausgrenzt. Auf dem Tisch platziert man sie in kleine Vasen.

Kräuterbüschel

Diese Räuchermethode macht wirklich mächtig Dampf, nicht nur den kleinen Plagegeistern. Die dekorativen Büschel bestehen nur aus heimischen Kräutern. Schließlich hat das Räuchern auch hierzulande eine lange kultische Tradition. Reinigung, Schutz und Heilung verband man mit dem Rauch von Pflanzen wie Wermut, Beifuß, Eisenkraut und Thymian. Der kräftig-würzige Geruch tut unseren Nasen gut, der Qualm vertreibt Insekten. Man legt das komplette Büschel auf eine feuerfeste Schale und zündet es an. Alternativ gibt es auch zerkleinerte Kräuter, die man auf Räucherkohle verdampft.

Träu

Sich vom Mondscheingarten verzaubern lassen

Wer es sich, schön warm eingekuschelt, wind- und sichtgeschützt, gemütlich gemacht hat im Garten, der kann jetzt stundenlang seinen Sommernachtsträumen nachhängen. Lehnen Sie sich zurück und beobachten Sie, wie sich zunehmende Finsternis über den Garten senkt. Verfolgen Sie die Bahn des Mondes und welche geheimnisvollen Schattenkonturen sein blasses Licht auf den Rasen zaubert. Suchen Sie das Firmament nach bekannten Sternbildern ab. Und in den warmen Augustnächten kann man mit etwas Glück sogar Sternschnuppen zählen. Nicht nur Romantiker finden so einen wunderbaren Ausgleich zum betriebsamen Alltagsgeschehen.

Vermutlich gehört es zu unserem archaischen Erbe, dass die Dunkelheit etwas Mystisches und Geheimnisvolles für uns hat. Unser dominantester Sinn, das Sehen, tritt in den Hintergrund. Das macht die anderen Sinne umso wacher und den Geist empfänglicher für die Zwischentöne des Daseins, für die tagsüber oft die Aufmerksamkeit fehlt. Jetzt kann man wunderbar Gedanken und Gefühlen nachhängen, sich von Inspirationen und der Fantasie beflügeln und davontragen lassen. NNicht umsonst kommen einem die besten Einfälle und Einsichten fast immer nachts ins Bewusstsein, wenn man aufnahmebereiter und durch nichts abgelenkt ist.

Das Nachtgesicht des Gartens entdecken

Aber abgesehen von kontemplativen Gemütszuständen – es macht einfach Spaß, das Nachtgesicht des eigenen Gartens zu entdecken und auch bewusst zu gestalten. Selbst wenn man bei Tage jeden Winkel seines Grünen Reiches kennt, bei Nacht treten völlig andere Strukturen in den Vordergrund. Farben verlieren an Bedeutung, dafür leuchtet alles, was bei Tageslicht blass ist, umso deutlicher.

Helle Pastelltöne und vor allem Weiß sind die ultimativen Farben für Abendgärtner. Sichtachsen versinken in der Dunkelheit. Dafür kann man mit gezielten Lichtkegeln neue Perspektiven öffnen. Ein Strahler am Teich, unter einer bizarren Baumkrone oder neben einer Skulptur erzeugt interessante Silhouetten. Leuchten Sie den Garten aber nie ganz aus. Zwar müssen Treppen, Wege und Terrassenränder aus Sicherheitsgründen immer gut erkennbar sein, aber erst das Wechselspiel von Licht und Schatten zaubert die eigentliche Atmosphäre, auf die es ankommt.

Auch Düfte werden jetzt deutlicher wahrgenommen. Viele kennt man schon vom Tage, aber einige Blüten entfalten erst nachts ihr volles Parfum.

men

Vollmondnächte sind Romantik pur, aber auch Sternbilder suchen und Sternschnuppen zu zählen hat durchaus seine Reize.

Reize der Finsternis genießen

Wer weniger sieht, hört mehr. Probieren Sie es einmal selbst aus: Mit geschlossenen Augen erlebt man Geräusche sehr viel intensiver. In der Dunkelheit ist dieses Phänomen natürlich genauso wirksam. Je weniger wir uns auf unsere Augen verlassen können, umso heller werden die anderen Sinne. Aber kann man einen Garten hören? Und ob! Vielleicht lassen Sie irgendwo im Garten einen Quellstein plätschern, dessen beständiges Wassergemurmel ungeheuer zur Entspannung beiträgt. Hohe Gräser, die sich im Wind biegen, rascheln mit ihren trockenen Halmen und Fruchtständen aneinander. Und schon bei schwacher Luftbewegung rauscht das Laub der Bäume leise im Wind.

Was läuft denn da?

Aber auch tierische Gäste machen sich oft durch leises Knacken oder Geraschel bemerkbar. Wenn Sie nachts einige Zeit still draußen sitzen, werden Sie nicht nur die Katzen und Kater der Nachbarschaft auf Mäusejagd oder auf Freiersfüßen beobachten können. Auch viele Wildtiere werden erst in der Dunkelheit aktiv.

Igel, Käuzchen, Fledermaus & Co. entdecken

Wer einen Komposthaufen oder dichte Hecken pflegt, wird vielleicht entdecken, dass er eine Igelfamilie zur Untermiete hat. Die scheuen Stachelträger wagen sich nur nachts aus ihrer Deckung. Dann kann man sie mit etwas Glück recht munter über den Rasen trollen sehen. Wer am Waldrand wohnt, hat vielleicht das

Igel gehören zu den nachtaktiven Tieren, die man mit etwas Glück und Geduld in sommerlichen Gartennächten beobachten kann.

Beleuchtung erfüllt mehrere Funktionen im Abendgarten und sollte immer bewusst platziert werden.

Glück, den wunderbar schaurigen Ruf eines Käuzchens zu hören und den Nachtvogel womöglich sogar im eigenen Hausbaum beobachten zu können. Immer wieder faszinierend ist es auch, die zackigen, nächtlichen Flugmanöver der Fledermäuse zu verfolgen, die man manchmal mit dem Auge kaum fassen kann.

Und sollte es wirklich gerade einmal ganz ruhig sein, ist es herrlich entspannend, sich zurückzulehnen und einfach nur den Sternenhimmel zu beobachten, Satelliten zu verfolgen, den Abendstern oder den Großen Wagen zu suchen oder - bei Vollmond - auf der blassen Scheibe eines der vielen Gesichter des Mannes im Mond ausfindig zu machen.

Mit künstlichem Licht sparsam umgehen

Das gelingt natürlich nur, wenn Sie den Garten nicht mit Festbeleuchtung fluten. Je mehr helle Lichtquellen in der Umgebung, desto weniger Sterne werden Sie am Himmel zählen. Praktisch ist es deshalb, wenn man Gartenleuchten auch vom Sitzplatz aus an- und ausschalten kann, etwa per Außenschalter oder Fernbedienung. So gelangt man sicheren Weges hin und zurück, kann aber, solange man sitzt, mehr die Dunkelheit regieren lassen und damit mehr nächtliche Reize wahrnehmen.

Die Magie der Sommernacht lebt vom Wechselspiel aus geheimnisvoller Dunkelheit und dezenter Beleuchtung. Lichtakzente bringen den Zauber der Finsternis erst voll zur Geltung. Setzen Sie sie daher bewusst als Stimmungsmacher im abendlichen Garten ein.

Darüber hinaus erfüllen Beleuchtungskörper natürlich in dunkler Nacht auch reine Sicherheitsfunktionen.

Wegleuchte

Wege und Treppen sichern

Bei aller Liebe zur Romantik ist es natürlich unerlässlich, wichtige Wege und vor allem Treppen im Garten so zu beleuchten, dass sie in der Dunkelheit stets gut erkennbar sind und nicht zur Stolperfalle werden. Der Pfad vom Gartentor zum Haus, die Eingangsstufen, Terrassenränder und Kellertreppen brauchen eine gewisse Sicherheitsbeleuchtung. Für diesen Zweck bietet elektrisches Licht viele Vorteile: Es ist schnell und bequem an- und auszuschalten. Es ist bei jeder Witterung einsatzfähig und es kann, je nach Leistung der Lampen, sehr hell und damit von großer Reichweite sein. So lässt sich ein Grundstück notfalls auch mal ausleuchten, etwa zur Abschreckung von Langfingern oder anderen ungebetenen Gästen.

Technik schafft Komfort

Bewegungsmelder, Dämmerungsschalter, Zeitschaltuhren und Fernbedienungen kommen den Bedürfnissen der Gartenbesitzer entgegen und machen die Bedienung noch komfortabler. Der Fachhandel bietet vielfältigste Systeme an, egal ob fest installierte Laternen, Bodenleuchten oder Wandlampen. Achten Sie beim Kauf von Gartenleuchten jedoch immer darauf, dass die Modelle ausdrücklich für die Verwendung im Freien zugelassen sind.
Die Verlegung der elektrischen Leitungen sollte man aber unbedingt einem Fachmann überlassen. Es empfiehlt sich, im Boden verlaufende Kabel immer nahe am Weg entlang zu führen. So stören sie bei späteren Gartenarbeiten am wenigsten. Sie sollten darüber hinaus stets geschützt verlegt werden. Am besten lässt man sie durch Leerrohre laufen. Das hält übrigens auch lästige Nagetiere fern.

Dezent, aber äußerst wirkungsvoll machen die kleinen Bodenstrahler auf die Stufen aufmerksam.

Alternative Leuchten nutzen

Wer seinen Garten nicht verkabeln möchte, für den sind Solarleuchten eine interessante Alternative. Kleine Solarmodule generieren tagsüber ausreichend Energie aus Sonnenlicht, um nachts der Dunkelheit heimzuleuchten. Auch LED-Leuchten gibt es inzwischen mit Solartechnik. Sie überzeugen durch gedämpftes Licht in allen Farben des Spektrums sowie lange Lebensdauer.
Natürlich lässt sich auch ein Spalier aus Windlichtern oder Kerzen für eine Sommerparty als stimmungsvolle und zugleich sichernde Weg- oder Treppenbeleuchtung einsetzen. Für den Dauergebrauch ist sie aber wenig geeignet.

Hier weisen Windlichter den Weg zum Hauseingang – eine stimmungsvolle Alternative für den Partyabend.

Inszenieren

Mit indirekter Beleuchtung lassen sich attraktive Gartenecken malerisch in Szene setzen. Besonders stimmungsvoll: Licht am Wasser.

Akzente setzen und Perspektiven öffnen

Über den rein funktionalen Aspekt hinaus lässt sich elektrisches Licht natürlich durchaus auch als echter Stimmungsmacher einsetzen. Mit Bodenleuchten, Halogenspots und -strahlern sowie Beetlampen lassen sich gezielt Lichtkegel unterschiedlicher Breite und Reichweite erzeugen, die bestimmte Elemente des Gartens zauberhaft punktuell in Szene setzen. Der nächtliche Garten kann dadurch eine völlig neue räumliche Struktur erhalten und mit den eingeschliffenen Sehgewohnheiten des Tages gänzlich brechen.

Prägen bei Tageslicht insbesondere Sichtachsen, die durch Wege und Gehölze vorgegeben werden, das Grundraster, folgt der Blick jetzt den Perspektiven, die das Licht eröffnet und schlüpft auch in entlegene Ecken. So können Strahler malerische Baumstämme und -kronen, wie sie etwa Magnolien oder Ahorn zu bieten haben, ins rechte Licht rücken oder interessante Konturen von Sträuchern und Gräsern betonen.
Tagsüber eher unscheinbare Details können im Zentrum der nächtlichen Bühne erstrahlen. So rücken kleine Statuetten oder Deko-Figuren, die zwischen Efeu oder Farnen halb versteckt stehen, in den Mittelpunkt der Aufmerksamkeit. Oder Sie machen eine Bank, eine attraktiv berankte Wand oder ein üppig bepflanztes Gefäß zum Focus des Nachtgartens.
Besonders romantisch und anziehend ist beleuchtetes Wasser. Ein kleiner Spot am Teichrand, der die Oberfläche zum Spiegel der Uferbepflanzung macht, zaubert ein märchenhaftes Flair. Fast erwartet man hier in Vollmondnächten Feen und Wassernixen spielen zu sehen.
In kleineren Gärten erzeugt ein beleuchteter Quellstein eine ähnlich magische Atmosphäre.

Die Lichtquelle verstecken

Damit sanfte, weiche Übergänge zwischen Licht- und Dunkelbereichen entstehen, ist es wichtig, die Strahler so zu positionieren, dass der Schein indirekt wirkt. Verstecken Sie die Leuchten hinter Steinen, Baumstämmen, Mäuerchen oder ähnlichem und richten Sie sie so aus, dass sie nicht blenden.
Alles was im Kegel des Lichtes angestrahlt wird, tritt hervor. Die unmittelbar angrenzenden Partien versinken im Halbdunkel. So kann man auch weniger attraktive Gartenecken kaschieren.

Kleine Lösungen mit großer Wirkung: Oben illuminieren Beetleuchten eine weinberankte Wand, unten ein Quellstein als Lichtquelle.

Mondschein

Dieses Beet mit Spinnenblumen und Schmuckkörbchen in Weiß und silberlaubiger Edelraute strahlt noch in der Dunkelheit.

Weiß ist die Farbe der Nacht

Nachts sind alle Katzen grau, weiß der Volksmund und drückt damit auch aus, dass Farben in der Dunkelheit verschwinden oder zumindest an Bedeutung verlieren. Wahrnehmbar sind nur noch Hell-Dunkel-Kontraste. Weiße Blüten erfüllen damit die besten Voraussetzungen, auch in der Finsternis noch gut zur Geltung zu kommen. Streng genommen ist Weiß gar keine echte Farbe. Vielmehr enthält es alle Farben des Spektrums gleichermaßen und reflektiert noch geringste Mengen an Licht. Ein weißes Beet entfaltet daher selbst in der Dämmerung noch Leuchtkraft und ist sogar im Mondschein deutlich sichtbar – für Feierabendgärtner der ideale Blütenschmuck für Sitzplatz und Terrasse. So darf auch das Auge bis tief in die Nacht hinein mitgenießen.

Farblos muss ein rein weißes Beet übrigens auch bei Tag nicht aussehen. Eine abwechslungsreiche Mischung verschiedener Blütenformen und Laubstrukturen sorgt für Spannung und Attraktivität. Kombinieren Sie schlanke Rittersporn- oder Fingerhutkerzen mit kugeligen Rosen- oder trichterförmigen Lilienblüten, mixen Sie filigranes Schleierkraut mit großblättrigem Wollziest. Glücklicherweise ist die Auswahl an Weißblühern unter den Stauden und Sommerblumen riesig. Oftmals gibt es von bunten Arten weiße Varianten.

glanz

Attraktive Weißblüher

- Rittersporn *(Delphinium*-Hybriden) z.B. 'Galahad', 'Polarfuchs'
- Rosen *(Rosa)* z.B. 'Boule de Neige', 'Schneewittchen', 'Leda'
- Phlox *(Phlox paniculata)* z.B. 'Schneeferner', 'Pax'
- Feinstrahl *(Erigeron)* z.B. 'Sommerneuschnee'
- Lichtnelke *(Lychnis coronaria)* 'Alba'
- Schleierkraut *(Gypsophila paniculata)*
- Madonnenlilie *(Lilium candidum)*
- Spinnenblume *(Cleome spinosa)*
- Bechermalve *(Lavatera trimestris)*.

Weißer Purpur-Sonnenhut leuchtet mit schneeweißem Phlox um die Wette. Eine Kombination, die auch im Mondlicht zu erkennen ist.

Nach

Vollmondnächte aufblühen lassen

Während die Schönheit und die zauberhaften Details der meisten Blüten in der Dunkelheit untergehen, verleiht ein weißes Beet nicht nur Vollmondnächten strahlenden Glanz. Auch trübe Tage und die Dämmerstunden profitieren von der besonderen Leuchtkraft der weißen Blüten.
Die Kombination mit silberlaubigen Pflanzen wie Wollziest, Edelraute, Lichtnelke, Schleierkraut, Filzigem Hornkraut und Blauschwingel verleiht einem "Nachtbeet" noch mehr Leichtigkeit und ein geradezu ätherisches Flair.
Bei trüben Lichtverhältnissen scheint das Beet optisch zu schweben. Während das filigrane Schleierkraut zu einer diffusen Wolke verschwimmt, setzen die

tbeet

plakativen, großen Blüten von Rosen und Lilien konturstarke Akzente. Beide verleihen mit ihrem intensiven Duft der Pflanzung zusätzliche sinnliche Reize. Die hohen Kerzen des Rittersporn wirken wie Ausrufezeichen im Blütenmeer und bilden einen spannenden Kontrast zu den breiten Schirmchen der Edelgarben und den runden Kuppeln der Spornblumen.

Eine formgeschnittene Ligusterhecke gibt dem Ganzen einen Rahmen. Bei Tage sorgt sie mit ihrem dunkelgrünen Laub für eine wirkungsvolle Kulisse, die von dem Hell-Dunkel-Kontrast zu den weißen Blüten lebt. Im Vordergrund webt sich das Filzige Hornkraut durch die Trittplatten des Wegebelags und weicht damit Konturen des Beetes gefällig auf.

Pflanzenliste

1. Strauchrose *(Rosa)* 'Schneewittchen', öfterblühend, ⬆ 120–150 cm
2. Rittersporn *(Delphinium-*Hybride) 'Galahad', ✿ 6–7/9–10, ⬆ bis 180 cm
3. Schleierkraut *(Gypsophila paniculata)* 'Bristol Fairy', ✿ 6–8, ⬆ 100 cm
4. Spornblume *(Centranthus ruber)* 'Albiflorus', ✿ 6–9, ⬆ 50–70 cm
5. Madonnenlilie *(Lilium candidum)*, ✿ 6–7, ⬆ 80–120 cm, duftend
6. Lichtnelke *(Lychnis coronaria)* 'Alba', ✿ 6–7, ⬆ 50–70 cm
7. Edelgarbe *(Achillea*-Millefolium-Hybride) 'Schneetaler', ✿ 6–9, ⬆ 70 cm
8. Blauschwingel *(Festuca cinerea)*, 20 cm, blauhalmiges Gras
9. Wollziest *(Stachys byzantina)*, ✿ 7–8, ⬆ 10–30 cm, silberlaubig
10. Blut-Storchschnabel *(Geranium sanguineum)* 'Alba', ✿ 5–7, ⬆ 30 cm
11. Filziges Hornkraut *(Cerastium tomentosum* var. *columnae)*, ✿ 5–6, ⬆ 15 cm
12. Edelraute *(Artemisia arborescens)* 'Powis Castle', ⬆ bis 100 cm, silberlaubig
13. Beetrose *(Rosa)* 'Margaret Merril', öfterblühend, ⬆ 40–60 cm, duftend

✿ = Blütezeit, ⬆ = Höhe

Nacht

Der sinnlichen Verführung erliegen

Nachtdufter sind für jeden Mondscheingarten das Tüpfelchen auf dem i. Sie geben lauen Sommerabenden das gewisse Etwas und hüllen einen Sitzplatz in aphrodisisches, exotisch schweres Parfum. Lassen Sie sich von den flüchtigen Wohlgerüchen in eine nächtliche Welt voller Mystik und Magie entführen.

Alle, die die Blütendüfte des Tages zu selten genießen dürfen, können dieses Defizit mit nachtduftenden Pflanzen ausgleichen. Manche Arten retten ihren Duft vom Tag in die Nacht hinüber, etwa Königslilien oder Levkojen. Andere wie der nach Vanille duftende Nachtphlox (Zaluzianskya capensis) oder die Nachtkerze (Oenothera missouriensis) geben ihr Parfum erst im Dunkeln frei. Meist wollen sie Nachtfalter anlocken, auf deren Dienste als Bestäuber sie angewiesen sind. Viele sehen folgerichtigerweise tagsüber eher unscheinbar aus und nicht wenige tragen weiße Blüten. Schließlich spielen Farben für Nachttiere kaum eine Rolle.

Die Liste der nächtlichen Blütendufter enthält einige echte Kostbarkeiten. Neben den rechts porträtierten Arten gehören dazu das Abendduft-Leimkraut (Silene italica) mit seinem Bittermandelaroma und das Nickende Leimkraut (S. nutans) mit hyazinthenähnlichem Duft sowie das einjährige Gemshorn (Matthiola bicornis), dessen Parfum an Zimt und Nelken erinnert. Zum Glück für alle Feierabendgärtner erleben viele Nachtdufter ihre Blüte während der Terrassensaison. Holen Sie sich die Parfumeure in Nasennähe an die Terrasse oder den Sitzplatz. Viele gedeihen hervorragend in Töpfen und Kübeln.

dufter

◄ **Ziertabak** *(Nicotiana):* Der einjährige Blüher wird 60 bis 100 cm hoch und trägt von Juli bis September weiße, gelbe, rote oder rosa Trompetenblüten von süßem Duft. Das Nachtschattengewächs bevorzugt sonnige Standorte und gedeiht auch gut im Kübel. Darüber hinaus schmückt es sich mit großen Blättern. Reichlich gießen!

▼ **Seifenkraut** *(Saponaria officinalis):* Die anpassungsfähige heimische Wildstaude wächst an sonnigen und schattigen Standorten. Sie blüht von August bis September und wird rund 60 cm hoch. Früher diente eine Wurzelabkochung als Seifenersatz. Die gefüllt blühende Sorte `Rosea plena´ duftet noch intensiver als die Art.

▲ **Nachtviole** *(Hesperis matronalis):* Die weißlich-rosafarbenen oder violetten Blüten duften tags schwach, abends stark nach Veilchen. Die rund 80 cm hohe Staude blüht von April bis Juni.

◄ **Nachtkerze** *(Oenothera missouriensis):* Öffnet von Juni bis Oktober nachts ihre zitronengelben Blüten. Bleibt 15 cm klein.

► **Wunderblume** *(Mirabilis jalapa):* Sie ist bei uns nicht winterhart und sollte deshalb im Kübel gehalten werden. Dafür beschert sie eine lange Blütezeit, von Juni bis zum ersten Frost. Die herrlich nach Orangen duftenden Blüten fallen durch lebhafte, oft gestreifte Muster in gelb, pink und anderen Farben auf. Höhe 50 bis 75 cm.

Bezugsquellen

Gartenversandhandel

Gärtner Pötschke
Beuthener Str. 4
41561 Kaarst
Tel. 02131/793333
www.gaertner-poetschke.de

Obi & Otto
20088 Hamburg
Tel. 0180/5300003
www.OBI@OTTO.de

Stauden, Kräuter, Duftpflanzen

Staudengärtnerei
Dieter Gaißmayer
Jungviehweide 3
89257 Illertissen
Tel. 07303/7258
www.staudengaissmayer.de

Blumenschule
R.Engler & S. Friesch
Augsburger Str. 62
86956 Schongau
Tel. 08861/7373
www.blumenschule.de

Rühlemann´s
Kräuter und Duftpflanzen
Auf dem Berg 2
27367 Horstedt
Tel. 04288/928558
www.ruehlemanns.de

Syringa-Samen
Bernd Dittrich
Postfach 1147
78245 Hilzingen-Binningen
Tel. 07739/1452
www.syringa-samen.de

Rosen

Rosengärtnerei Kalbus
Hagenhausener Hauptstr. 112
90518 Altdorf/Hagenhausen
Tel. 09187/5729
www.rosen-kalbus.de

Rosenhof Schultheis
61231 Bad Nauheim-Steinfurth
Tel. 06032/81013
www.rosenhof-schultheis.de

Rosarot Pflanzenversand
Gerd Hartung
Besenbek 4b
25335 Raa-Besenbek
Tel. 04121/423884
www.rosarot-pflanzenversand.de

Zwiebelblumen

Bernd Schober
Stätzlinger Str. 94a
86165 Augsburg
Tel. 0821/72989500
www.der-blumenzwiebel-versand.de

Lilien-Strasser
Gustav-Adolf-Straße 2
91056 Erlangen
Tel. 09131/990473
www.lilien-strasser.de/stamm/adlige.htm

Sommerblumen

Sperli Samen/Sperling & Co.
Hamburger Str. 27
21339 Lüneburg
Tel. 04131/30170
www.sperli-samen.de

Bruno Nebelung
Kiepenkerl-Pflanzenzüchtung
Postfach 1263
48348 Everswinkel
Tel. 02582/6700
www.kiepenkerl.com

Duftpelargonien

Stegmeier Gartenbau
Unteres Dorf 7
73457 Essingen
Tel. 07365/230
www.gaertnerei-stegmeier.de

Kübelpflanzen

Flora Mediterranea
Königsgütler 5
84072 Au/Halertau
Tel. 08752/1238
www.floramediterranea.de

Flora Toskana
Schillerstr. 25
89278 Nersingen OT Strass
Tel. 07308/9283387
www.flora-toskana.de

Mobiliar, Accessoires

Pötschke Ambiente
Beuthener Str. 4
41564 Kaarst
Tel. 01805/911-508
www.poetschke-ambiente.de

Garpa
Kienwiese 1
21039 Escheburg
Tel. 04152/925200
www.garpa.de

Hesperiden
In der Schmalau 4
90427 Nürnberg
Tel. 0911/303111
www.hesperiden.de

Keimzeit Saatgutversand
Alter Berner Weg 24
22393 Hamburg
Tel. 040/64506550
www.keimzeit-saatgut.de

Hängematten, Strandkörbe

Lamaca
Marcedo Shopservice
Gneisenaustr. 15
86167 Augsburg
Tel. 0821/21779519
www.lamaca-haengematten.de

Strandkorb & Co
Listlandstr. 12
25992 List auf Sylt
Tel. 04651/877390
www.strandkorbundco.de

Stefan Herdelt GmbH
Gutenbergstr. 13
86368 Gersthofen
Tel. 0821/5082467
www.strandkoerbe24.de

Wassertechnik

OASE GmbH & Co.KG
Tecklenburger Str. 161
48477 Hörstel-Riesenbeck
Tel. 0800/6273758
www.oase-pumpen.com

Register

Seitenzahlen mit * verweisen auf Abbildungen

Abendgarten 81*
Abendstern 81
Abendstimmung 56
abschalten 22
Accessoires 59, 75, 75*
Achillea filipendulina 38
Achillea-Millefolium-Hybriden 41, 89
Agastache mexicana 53
Alchemilla mollis 38
Aloysia triphylla 55
Anthemis nobilis 'Treneague' 19
Aristolochia macrophylla 65*
Aroma 18, 50
Aromatherapie 17, 49
Artemisia absinthium 47
Artemisia arborescens 47, 89
Astern 25
ätherische Öle 18, 49, 52
Azteken-Öfen 73, 73*
Azur-Salbei 44

Bachlauf 14
Badekamille 19
Bankauflagen 75
Bänke 28
Bart-Iris 44
Basilikum 52, 53
Bauernjasmin 51, 53
Baumbank 28*
Bäume 8
Bechermalve 87
Beerenschmuck 14
Beet mit Weißblühern 89*
Beetlampen 84
Beetleuchten 85*
Beetrose 89
Beifuß 77
Beleuchtung 66, 75*, 81, 81*
Beleuchtung, indirekte 84*
Berg-Bohnenkraut 53
Berg-Waldrebe 65*
Bewegungsmelder 82
Blätterdach 62
Blau 42, 42*, 44, 46, 47
Blaue Stunde 34, 42, 42*
Blauschwingel 47, 89
Blumen 6
Blütendufter 52
Blütendufter, nächtliche 90
Blutgras, Japan- 40
Blutstorchschnabel 89
Bodenleuchten 82, 84
Bodenstrahler 82*
Bohnenkraut 52
Bohnenkraut, Kriechendes 18
Boswellia sacra 77
Brennende Liebe 40, 41
Brennmaterial 73
Brennmittel 72
Brunnen 14*
Buchseinfassungen 29

Calendula officinalis 38, 41
Centranthus ruber 89
Cerastium tomentosum 47
Cerastium tomentosum var. *columnae* 89
Cestrum nocturnum 55
Cheiranthus cheiri 53
Chill-out-area 22
Choisya ternata 53
Citrus limon 55
Clematis 64
Clematis montana 65*
Cleome spinosa 87
Convallaria majalis 53
Coreopsis verticillata 38
Currykraut 47, 53

Dächer 61, 62, 63
Damaszenerrosen 51
Dämmerlicht 42
Dämmerstunde 34, 46
Dämmerung 42, 46, 56
Dämmerungsschalter 82
Daphne mezereum 53
Datura suaveolens 53, 55
Deckchairs 26
Decke 22
Deckung 8
Dekoelemente 25, 59
Dekoration 75
Delphinium-Hybriden 45*, 87, 89
Dianthus gratianopolitanus 53
Duft 49, 65
Duft-Sitzplatz 55*
Duftbank 31*
Düfte 6, 9, 9*, 17, 17*, 34, 48
Düfte, blumige 53
Düfte, schwere 50, 53
Düfte, würzige 52, 53
Düfte, zitronige 17, 53
Duftkerzen 76
Duftnote 19, 49, 50
Duftpelargonie 52, 53, 55
Duftpfad 18*
Duftpflanzen 34, 50, 54
Duftplatz 54
Duftschneeball 53
Duftsteinrich 53
Duftsträucher 8
Duftteppich 19
Dunkelheit 78

Edeldistel 44*, 47
Edelgarbe 40, 40*, 41, 89
Edelraute 47, 89
Efeu 64
Einjährige 38, 40, 41, 44, 53
Eisenkraut 77
Elektrische Leitungen 82
Elektrisches Licht 68, 82, 84
Empfang 8, 8*
Engelstrompete 50, 50*, 53, 55
Englische Rasenkamille 19
Entspannung 16, 22*
Erdspieße 66
Erigeron 87
Eryngium alpinum 47
Essplatz im Freien 32, 33*
Euphorbia seguieriana-Hybriden 38

Fackeln 56, 66
Farben 6, 9, 9*, 42
Farbverläufe 40
Farne 11
Federmohn 47
Feinstrahl 87
Fenchel 13
Fernbedienung 81, 82
Festplatz 32, 33
Festuca cinerea 47, 89
Fetthenne 47
Fetthenne 'Herbstfreude' 41*
Feuer, offenes 70*
Feuerfarben 40
Feuerkörbe 56, 71, 71*
Feuerofen 73
Feuerschale 56, 71, 71*, 72*
Feuerstelle 71, 72
Feuerstelle, offene 56
Filziges Hornkraut 47, 89
Finsternis 80
Fledermaus 80, 81
Flieder 53
Formschnitthecke 29
Frauenmantel 11, 38, 39
Friesenbänke 30
Funkien 11

Gartenarbeit 16, 16*, 26
Gartenarbeit als Therapiemittel 16
Gartenbank 28*, 29*
Gartenecke, geschützte 20
Gartenleuchten 81
Gartenparty 20
Geborgenheit 27*, 56, 58, 63*, 75
Gehölze 41, 53
Geißblatt 51, 61
Gelb 40
Gelbblüher 36, 37, 38
Gämshorn 90
Geranium sanguineum 89
Geräusche 6, 14, 80
Gerüche 49
Glühende Farben 37
Glyzine 60*, 64, 65*
Goldfelberich 38, 39
Goldgarbe 38, 39
Goldlack 53
Goldrute 38, 39
Gräser 11, 12*, 13, 14, 40*, 41
Grashalme 22
Grau 46, 47
Graulaubige Begleiter 42
Graulaubige Pflanzen 46
Grill 73
Grün 10, 10*, 12, 14
Grünes Umfeld 8
Gypsophila paniculata 47, 87, 89

Halogenspots 84
Halogenstrahlern 84
Handschmeichler 12
Hänge-Birke 29*
Hängematte 22, 23*
Harmonie 9
Heiligenkraut 47, 53
Heizung mit Grillfunktion 73
Helenium-Hybriden 37*, 38, 41
Helianthemum-Hybriden 38
Helianthus annuus 38
Helichrysum italicum 47, 53
Heliopsis helianthoides var. *scabra* 38
Heliotropium arborescens 53, 55
Hemerocallis-Hybriden 38, 41
Hesperis matronalis 91*
Hinterhöfe 59
Holzstühle 25
Hungerkünstler 19
Hyacinthus-Orientalis-Hybriden 53
Hyazinthe 50, 53

Igel 80, 80*
Indianernessel 41
Innenhöfe 59
Intimität 27*

Japanische Laternen 69
Jungfer-im-Grünen 44

Kamille, Römische 18*, 19, 19*, 31

Register

Kamine, offene 56, 72
Kapuzinerkresse 39, 41
Kästen 8
Katzenminze 8*, 45*, 47
Käuzchen 80
Kerzen 66, 66*, 68, 69, 83
Kerzenlicht 70
Kies 13
Kissen 75
Klangreize 14
Kleinbaum 11
Klettergehölze 64
Kletterpflanzen 26, 56, 60, 61*, 64
Kletterrosen 62, 64
Klima 11
Knöterich 61, 62
Königlilie 50, 50*, 53, 90
Königskerze 12, 47
Kontaktdufter 18
Korbmaterial 25
Kräuter 8, 18, 49, 52, 53, 77
Kräuter, duftende 31
Kräuterbüschel 77*
Kübel 8
Kübelkultur 52
Kübelpflanzen 53, 54
Kunststoffstühle 25
Kuschelatmosphäre 66
Kuscheldecke 59, 75
Kuschelecken 59

Lagerfeuer 70
Lampions 56, 75
Laterne 68, 68*, 69, 69*, 82
Lauben 56, 61, 62
Lavandula angustifolia 45*, 47, 53, 55
Lavatera trimestris 87
Lavendel 17, 45*, 47, 51, 53, 55
LED-Leuchten 83
Lein 45*
Lein, Stauden- 44
Leimkraut, Abendduft- 90
Leimkraut, Nickendes 90
Lemon-Ysop 53
Leuchten 85
Levkojen 50, 53, 90
Licht 68
Licht, künstliches 6, 81
Lichtakzente 81
Lichterketten 56, 75
Lichtkegel 78, 84
Lichtnelke 12, 47, 87, 89
Lichtquelle 81, 85
Lichtspiel 11*
Lieblingsatmosphäre 34
Lieblingsplätze 20
Liegeauflagen 75
Liegeplätze 20
Liegestühle 26, 26*
Lilium candidum 53, 87, 89
Lilium regale 53
Linum perenne 45*
Lobularia maritima 53
Lonicera periclymenum 53, 65*
Lychnis chalcedonica 41
Lychnis coronaria 47, 87, 89
Lysimachia punctata 38

Macleaya cordata 47
Mädchenauge 38
Madonnenlilie 50, 53, 87, 89
Maiglöckchen 51, 53
Männertreu 44
Material 24, 64
Matthiola bicornis 90
Matthiola incana 53
Mauer 58
Mauerwerk 58
Meditation 42
meditative Wirkung 14
Melissa officinalis 53
Melisse 17, 52
Mentha gentilis var. *citrata* 53
Mentha pulegium 'Nanum' 19
Mentha requienii 19
Metallstühle 25, 30
Minze 18, 52
Minze, Korsische 19, 19*
Mirabilis jalapa 55, 91*
Monarda-Hybriden 41
Mondlicht 78
Mondscheingarten 78, 90
Moospolster 13, 13*
Moskitonetz 76
Mückenschutz 76

Nachtbeet 88, 89*
Nachtdufter 55, 90
Nachtjasmin 55
Nachtkerze 90, 91*
Nachtphlox 55, 90
Nachtviole 91*
Natur 22
Nelken 51
Nepeta × faassenii 45*, 47
Nicotiana 91*
Nicotiana alata 55

Ocimum basilicum 53
Oenothera missouriensis 90, 91*
Öfen 56, 72
Öllampen 66
Orange 40, 41
Orangenblume 53
Orangetöne 37
Oregano 52, 53
Origanum vulgare 53

Paeonia-Hybriden 53
Party 32*
Pavillon 61, 62
Pelargonium 53
Pelargonium crispum 55
Pelargonium-Hybride 55
Pergola 22, 56, 61
Perovskia abrotanoides 47
Perovskie 44
Petroleumlampen 66
Pfefferminze 52
Pfeifenwinde 62, 65*
Pfingst-Nelken 53
Pfingstrosen 51*, 53
Philadelphus coronarius 53
Phlox 51, 51*, 53, 55, 87, 87*
Phlox-Paniculata-Hybriden 53, 55, 87
Plätschern 14, 14*
Polster 75
Prachtstauden 26
Prunkwinde 44
Purpur-Fetthenne 41
Purpur-Sonnenhut 87*

Quellstein 14
Quellstein als Lichtquelle 85*
Quendel 19
Quendel, Zitronen- 19

Rabatte 37
Ranker 65
Rankgerüste 64
Rankhilfe 60, 61, 64
Rasen 13, 22, 34
Rattanmaterial 25
Räucherkegel 77
Räucherkohle 77
Räucherschalen 77*
Räucherstäbchen 77*
Reseda odorata 53
Resede 51
Resede, Duft- 53
Riechen 16
Ringelblume 38, 39, 41
Rittersporn 42*, 44, 45*, 87, 89
Rosa 53, 55, 87, 89
Rosen 9, 17, 39, 40, 49, 51, 53, 61, 87
Rosenbogen 8
Rosmarin 17, 52, 55
Rosmarinus officinalis 55
Rot 40, 41
Rottöne 37
Rudbeckia fulgida 38
Ruhe 20
Ruta graveolens 47
Rutenhirse 41

Salbei 47, 52, 55
Salvia nemorosa 45*
Salvia officinalis 47, 55
Santolina chamaecyparissus 47, 53
Saponaria officinalis 91*
Satureja montana 53
Schleierkraut 47, 87, 89
Schlingpflanze 65
Schmuckkörbchen 86*
Schwarzäugige Susanne 41
Schwimmkerzen 66
Sedum telephium 41, 47
Seidelbast 53
Seifenkraut 91*
Selbstklimmer 64
Senecio cineraria 47
Sicherheitsbeleuchtung 82
Sicherheitslicht 78
Sichtschutz 26, 58, 60, 61*
Sichtschutzwand 26, 60
Silber 46
Silberblatt 46*, 47
Silbergrau 12
silberlaubige Begleiter 42
silberlaubige Pflanzen 34, 46, 88
Silberstrauch 47
Silene italica 90
Silene nutans 90
Sinne 12, 12*, 16
Sitzecke 24
Sitzgelegenheit 30
Sitzkissen 75
Sitzmöbel 25, 25*
Sitzplatz 24, 30*, 32, 34, 54, 56, 58, 58*, 60, 61, 75
Sitzplatzgestaltung 30
Solarleuchten 83
Solidago-Hybriden 38
Sommerblüher 50
Sommerblumen 37
Sommersalbei 44, 45*
Sonnenauge 38, 39*
Sonnenblume 38, 39, 39*, 40
Sonnenbraut 37, 37*, 38, 40, 41
Sonnenfarbe Gelb 36
Sonnenhut 38
Sonnenröschen 38
Sonnenuntergang 36, 38, 58
Sonnenuntergangs-Farben 37*
Spinnenblume 87
Spornblume 89

Springbrunnen 14
Stachys byzantina 47, 89
Stauden 6, 11, 13, 38, 40, 41, 53
Stechmücken 76
Steine 14, 69
Steinmauer 58*, 60
Steppen-Schleierkraut 47
Steppen-Wolfsmilch 38, 39
Stoffpavillon 63, 63*
Strahler 78, 85
Strandkorb 62*, 63
Sträucher 8, 11
Strauchrose 55, 89
Stress 8, 16, 16*
Studentenblume 38
Stühle 24, 24*
Syringa vulgaris 53

Tagetes 38, 39
Taglilien 38, 39, 40, 41
Teelichter 66, 69
Teich 68*
Teichufer 26*
Teppichpoleiminze 19
Terrasse 24, 34, 54, 56, 75
therapeutische Wirkung 10
Thunbergia alata 41
Thymian 18, 19*, 31, 52, 53, 77
Thymian, Garten- 19
Thymian, Kümmel- 19
Thymian, Lavendel 19
Thymian, Zitronen- 19
Thymus × citriodorus 53
Thymus herba-barona 19
Thymus serpyllum 19
Thymus × serpyllum 19
Thymus vulgaris 19, 53
Tischdecken 75
Tischfläche 32
Treppenbeleuchtung 83
Tropaeolum majus 41

Vanilleblume 53, 55
Verbascum bombyciferum 47
Vergissmeinnicht 44
Viburnum carlesii 53
Viola odorata 53
Vitis vinifera 65*
Vögel 14*
Vogelgezwitscher 14
Vollmond 81
Vollmondnächte 80*

Wald-Geißbart 53, 65*
Wandlampen 82
Wandleuchten 66
Wärmespeicher 58, 73
Wärmespender 70
Wegbeleuchtung 83
Wege 13
Weihrauch 77
Weihrauch-Presskegel 77
Weihrauchbaum 77
Wein 65*
Weinraute 47
Weiß 78, 86
Weißblüher 86, 87
weißes Beet 88
Wermut 47, 77
Wilder Wein 64
Windlichter 56, 66, 83, 83*
Windschutz 56, 60, 61*
Wisteria sinensis 65*
Wohlfühlambiente 59
Wohlfühlklima 59*
Wohnzimmer im Freien 72
Wolldecke 63
Wollziest 12, 47, 47*, 89
Wunderblume 55, 91*

Zaluzianskya capensis 55, 90
Zeitschaltuhren 82
Zierspargel 13
Ziertabak 55, 69, 91*
Zinnien 40
Zitronen-Melisse 53
Zitronen-Minze 53
Zitronen-Thymian 53
Zitronenbäumchen 55
Zitronenverbene 55
Zweijährige 53
Zwiebelpflanzen 53

Bildnachweis

Blumenschule Schongau: 77r
Borstell: 20l, 20r, 2ul, 7, 8, 9, 18, 21, 24, 26, 29l, 33, 35, 41, 43, 44, 47o, 47u, 49, 50u, 51u, 62m, 57, 58/59, 60, 61, 62, 63, 65or, 69m, 69u, 70, 75u, 86, 87, 88, 90
Caspersen: 25o, 39o, 45ul
Garpa: 71u, 83, 85o
Hagen: 65ul, 65ur
Hoersch/Living at Home/Picture Press: 2ur, 74
INNO(sign): 85u
Kompatscher: 15, 20, 25m, 27, 48, 63
Liz Eddison/The Garden Collection Designer:Kate Rayner: 19m
Pforr: 10, 17, 23, 25u, 28, 36, 42, 45m, 45ur, 46, 51o, 80o, 80u
Pötschke Ambiente: 73
Redeleit: 16, 29r, 30, 37, 39u, 45ol, 50o, 58o, 65ol, 66, 69o, 71o, 72, 77l, 79, 81, 84
Reinhard: 11, 12, 13, 14, 19l, 19r, 29r, 31, 32, 40, 45or, 62o, 62u, 64, 65m, 68, 77m, 91or, 91m, 91ul, 91ur
Strauß: 67, 76, 91ol
www.dot-spot.de: 82
Zeichnungen: Sylvia Bespaluk

Bibliographische Information Der Deutschen Bibliothek

Die Deutsche Bibliothek verzeichnet diese Publikation in der Deutschen Nationalbibliografie; detaillierte bibliografische Daten sind im Internet über http://dnb.ddb.de abrufbar.

BLV Buchverlag GmbH & Co. KG
80797 München

Umschlaggestaltung:
Anja Masuch, Fürstenfeldbruck

Umschlagfotos: Grimm Garten und Landschaft, Hilzingen, www.grimm-garten.de (vorn oben), Strauß (vorn unten rechts), Redeleit (vorn unten links und hinten links), Borstell (hinten rechts)

Layoutkonzept Innenteil:
fuchs_design, Ottobrunn

Lektorat: Dr. Thomas Hagen, Dr. Eva Dempewolf
Herstellung: Hermann Maxant

Satz: Uhl + Massopust, Aalen

Gedruckt auf chlorfrei gebleichtem Papier

Printed in Italy
ISBN 978-3-8354-0147-1

Eine kleine Auswahl aus unserem grossen Programm

Rosa Wolf
Party-Garten
Alles, was wichtig ist, damit die Gartenparty gelingt: Planung, Vorbereitung, Bodenbelag, Wind- und Sonnenschutz, Wärmespender, Beleuchtung usw.; Themen für Feste von Frühjahr bis Herbst mit Dekoideen und Rezepten.
ISBN 978-3-8354-0145-7

Rosa Wolf
Kinder im Garten
Aus der Gartentraum-Werkstatt: Baumhaus, Weidentunnel, Kletterbaum usw.; Kinderspaß Gärtnern: pflanzen, pflegen und ernten; rund ums Jahr: spielen, basteln, feiern und toben; Natur und Tiere beobachten, Nisthilfen, Futterstationen.
ISBN 978-3-8354-0055-9

Rosa Wolf/Fotos: Ursel Borstell
Gartenpflanzen Praxis-Handbuch
Über 450 Gartenpflanzen in detaillierten Porträts mit Partnerpflanzen, Verwendungs- und Pflegetipps; Gestaltungen für alle typischen Bereiche des Hausgartens mit Pflanzplänen und Pflegekalender.
ISBN 978-3-8354-0167-9

Dorothée Waechter
Schöne Gärten für Ungeduldige
Viel Garten ohne zu warten – der schnelle Weg zum grünen Paradies: clevere Lösungen für alle Gartenbereiche sowie für Terrasse und Balkon; Tipps und Tricks für pfiffige Gestaltungen, effektvolle Pflanzen im Porträt, Pflegepraxis.
ISBN 978-3-8354-0214-0

Brunhilde Bross-Burkhardt
Der kleine Küchengarten
Obst, Gemüse, Kräuter selbst anbauen und frisch genießen: Anlage eines kleinen Küchengartens, Gestaltungsvorschläge, Anbau-Praxis, Porträts der wichtigsten und lohnendsten Nutzpflanzen-Arten, Arbeitskalender.
ISBN 978-3-8354-0097-9

Marie-Luise Kreuter
Der Biogarten
In Neuausgabe: das unentbehrliche Standardwerk zum naturgemäßen Gärtnern; einzigartiges Know-how von Deutschlands bekanntester Biogärtnerin; komplett aktualisiert: das im Handel erhältliche Pflanzensortiment; mit Beilage »Pflanzenschutz-Kompass«.
ISBN 978-3-8354-0198-3

Andrea Christmann
Kleine Gärten gestalten
Die Gestaltung kleiner Gärten und optische Tricks für mehr Größenwirkung; konkrete Pläne für Vorgärten, Reihenhaus- und Reiheneckhaus-Gärten; Neuanlage und Umgestaltung in der Praxis.
ISBN 978-3-8354-0094-8

Ute Bauer
Mein Garten am Abend
Die Abendstimmung im Garten genießen: Sitzplätze, Nachtblüher, Nachtdufter, Wärmespender, Sicht- und Windschutz, stimmungsvolle Lichteffekte, schöne und nützliche Accessoires.
ISBN 978-3-8354-0147-1

Die zuverlässigen Berater

BLV Bücher bieten mehr:

- mehr Wissen
- mehr Erfahrung
- mehr Innovation
- mehr Praxisnutzen
- mehr Qualität

Denn 60 Jahre Ratgeberkompetenz sind nicht zu schlagen!

Unser Buchprogramm umfasst über 750 Titel zu den Themen

Garten · Natur · Heimtiere · Jagd · Angeln · Sport · Golf · Reiten · Alpinismus · Fitness · Gesundheit · Kochen.

Ausführliche Informationen erhalten Sie unter **www.blv.de**

Dass Sie sich gut beraten fühlen – das ist unser Ziel. Falls Sie Fragen und/oder Anregungen haben, schreiben Sie uns bitte:

BLV Buchverlag GmbH & Co. KG
Lektorat · Lothstraße 19
80797 München
Postfach 40 02 20
80702 München
Telefon 089/12 02 12-0 · Fax -121
E-mail: blv.verlag@blv.de

Mehr Erlesen!